„Siehe ich bin bei euch“

Bibliografische Information der Deutschen Nationalbibliothek

Die Deutsche Nationalbibliothek verzeichnet diese Publikation in der Deutschen Nationalbibliografie; detaillierte bibliografische Daten sind im Internet über http://dnb.dnb.de abrufbar.

Bibliographic information published by the Deutsche Nationalbibliothek

The Deutsche Nationalbibliothek lists this publication in the Deutsche Nationalbibliografie; detailed bibliographic data are available in the Internet at http://dnb.dnb.de.

1. Auflage, 2014

ISBN 978-3-86948-332-0

„Siehe ich bin bei euch“

Grafiken zur Bibel
von Hans Georg Anniès

interpretiert von

Hermann Mahnke

Papierflieger Verlag Clausthal-Zellerfeld

Einführung in dieses Buch

Vor Jahren nahm ich auf der Suche nach einem Künstler, dessen Werke meine *Gemeindearbeit mit der Bibel* anschaulich bereichern könnten, Kontakt mit Hans Georg Anniès auf. Die unkomplizierte Zusammenarbeit und seine uneigennützige Unterstützung meiner Arbeit mit seiner Kunst ließen mich einen Menschen und Bruder kennen lernen, der zu DDR-Zeiten geradlinig seinen Weg als Christ gegangen ist und gegen die SED-Doktrin für die Kirche arbeitete, wobei er Demütigungen, Ausgrenzungen und das Totschweigen seiner Werke in Kauf nahm. Von seinen Erfahrungen her hat Hans Georg Anniès mich immer wieder ermutigt, meinem Weg treu zu bleiben und in der Kirche für eine stärkere Beschäftigung mit der Bibel, der Quelle unseres Glaubens, einzutreten.

Hans Georg Anniès bezeichnete seine Bildwerke als „Grafiken". Diese künstlerisch gestalteten *Verkündigungsbilder* – manche erinnern an Ikonen – sind nach meiner Erfahrung vielen Erwachsenen und etliche auch Jugendlichen und Kindern unmittelbar zugänglich. Das vorliegende Buch zeugt vom tiefen Aussagegehalt dieser Grafiken, die allerdings nur einen *Ausschnitt* aus dem abwechslungsreichen Schaffen des Künstlers darstellen. Zu danken habe ich Hans Georg Anniès für mannigfache, im persönlichen Gespräch über die einzelnen Grafiken gewonnene „Sehhilfen", die mir eine sachgemäße Interpretation der einzelnen Bilder ermöglichten.

„Siehe ich bin bei euch"[1]: Die *Nähe Gottes und Jesu Christi* in unserem Leben bezeugen die 44 hier vorgelegten Grafiken von Hans Georg Anniès († 2006). Unsere Aufgabe ist es, hinzusehen und auch persönlich mit Hilfe dieser Grafiken der Nähe Gottes und Christi gewiss zu werden. Den einzelnen Auslegungen dieser Verkündigungsbilder (Wort) habe ich Liedertexte, Psalmen und Gebete angefügt, die unsere Reaktion auf die Aussagen der Grafiken sein oder werden können (Antwort). [2]

---

1 Diesem Buch ging eine vergriffene kürzere Version „Siehe, ich bin bei euch alle Tage" mit den Grafiken in Schwarz-Weiß-Druck aus dem Jahre 2002 voraus.

2 Alle nicht ausdrücklich mit einem Verfassernamen gekennzeichneten Gedichte, Lieder, Liedstrophen oder Gebete stammen vom Autor dieses Buches, der viele Jahre kirchenmusikalisch aktiv war.

Über den privaten Gebrauch hinaus gibt dieses Buch Pastoren, Religionslehrern, Lektoren und Prädikanten[3] anschauliches Bildmaterial (inklusive einer CD) an die Hand, mit dessen Hilfe biblische Worte und Texte erschlossen werden können. Langjährige positive Erfahrungen mit diesen Grafiken in Bibel-, Glaubens- und Konfirmandenkursen[4] sowie in der Arbeit mit Kindern haben mich motiviert, diese Verkündigungsbilder zusammenzustellen und mit detailliert ausgearbeiteten Bildinterpretationen („Sehhilfen") zu versehen, damit sie in der kirchlichen Gemeindearbeit für Bildpredigten im Gottesdienst, für Bildbetrachtungen in Erwachsenen- und Konfirmandengruppen oder auch im Kindergottesdienst sowie im schulischen Religionsunterricht ohne größeren Zeitaufwand eingesetzt werden können.

Zu danken habe ich Annette Beushausen (Osterode), Ralf Gießler (Dorste), Ingrid Mahnke (Einbeck) und Monika Schmidt (Schwiegershausen) für die hilfreiche und anregende Kritik bei der Durchsicht des Manuskripts.

Seit vielen Jahren arbeite ich im Vorstand der Göttinger Bibelgesellschaft e.V. mit, deren Ziel es ist, Menschen an die Bibel heranzuführen und ihnen biblische Aussagen verständlich zu machen. Die Grafiken von Hans Georg Anniès sind sehr geeignet, Menschen biblische Texte anschaulich nahe zu bringen. Dieses „Bibelbilderbuch" ist darum auch ein konkreter Beitrag der Göttinger Bibelgesellschaft e.V. zum Jahr „Bild und Bibel", das von den evangelischen Kirchen in Deutschland im Jahre 2015 begangenen wird.[5]

Hermann Mahnke (Einbeck)

---

[3] Aus Gründen der besseren Lesbarkeit wird in diesem Buch auf die gleichzeitige Verwendung männlicher und weiblicher Sprachformen verzichtet. Die männliche Form schließt die weibliche mit ein.

[4] Siehe meine Homepage <www.mahnke.goettinger-bibelgesellschaft.de>.

[5] Üblicherweise werden biblische Texte nach der Lutherbibel zitiert. Zitate aus anderen Bibelübersetzungen sind jeweils kenntlich gemacht. – Gesangbuchlieder werden nach dem Evangelischen Gesangbuch (EG) angegeben.

Inhaltsverzeichnis

Biographisches zu Hans Georg Anniès[1]

25. 5. 1930	Am 25. Mai in Liebenfelde/Ostpreußen geboren. Bildnerisches ist seit frühen Kindertagen Lieblingsbeschäftigung. Besuch der Volks- und Oberschule, einziger Berufswunsch: Bildhauer.
1945	Februar-Mai von der Schule zur Wehrmacht übernommen: bis zu seinem Lebensende nachwirkende Kriegserlebnisse.
1945–1952	Landarbeiter, starke Natureindrücke – insbesondere des jahreszeitlichen Rhythmus.
1953	lehnt die Hochschule für Bildende Künste Dresden die Aufnahme eines Studiums wegen Nichtzugehörigkeit zur FDJ und Zugehörigkeit zur Kirche ab.
1953–1963	künstlerische Ausbildung in der Volkshochschule bei H. Lillig und G. Zawadzki sowie privat bei R. Nehmer und H. Jüchser in Dresden. Gebrauchsgrafik.
Seit 1963	freischaffend in Moritzburg (bei Dresden) als Grafiker, Zeichner und Bildhauer. Zugleich kunsterzieherische und gebrauchsgrafische Tätigkeit für die Kirche.
1970	Atelierbrand (Selbstentzündung). – Stilwandel: Struktur löst Kontur ab, Auflösung der Fläche in Strukturfelder verschiedener Dichte und größtmöglicher Sensibilität.
1973–1978	Entwicklung des Holztiefdrucks in zwei Varianten: nass und trocken. Zunächst wird das Motiv in die Holzplatte eingebracht und diese dann, wie auch die Rillen der Holzstruktur, mit Farbe eingerieben. Auf Tiefdruckkarton wird dann mit einer dafür gebauten Druckpresse gedruckt. Später wird die präparierte Platte auf trockenes Papier abgedruckt. Da die Sohle der Rille häufig weiß bleibt, entsteht so eine nochmalige andersartige Struktur.
Seit 1975	Mitglied der Genossenschaft Bildender Künstler, Dresden.
1976	Kandidat des Verbandes Bildender Künstler in der DDR (VBK-DDR)

1 Aus: Hans Georg Anniès, Katalog „Zeichen, Holztiefdrucke und Skulpturen“, herausgegeben vom Neuen Sächsischen Kunstverein e.V. im Sächsischen Landtag Dresden 1995 (mündlich ergänzt von H. G. Anniès).

1979	im September Mitglied des VBK-DDR. Im Herbst beginnt die Ausgrenzung wegen Verweigerung einer Unterschrift zum 30. Jahrestag der DDR. Bespitzelungen werden wahrnehmbar.
Seit 1980	konsequente Weiterentwicklung des individuellen Stils wie der individuellen Technik. Die Teilnahme an allen DDR-Kunstausstellungen auf Landes- und Bezirksebene wird verweigert. Auch die Arbeit im bildhauerischen Bereich findet einen neuen Ansatz: Sie geht nun immer stärker von der Wuchsstruktur des Materials Holz aus. Es entstehen fortan die Raumskulpturen. Ausstellungseinladungen nach Paris und in die Bundesrepublik dürfen nicht wahrgenommen werden. Ein Auftrag wird niemals erteilt, weder vom Staat noch von einem Betrieb oder einer Institution (mit Ausnahme von drei Kirchengemeinden) noch vom VBK-DDR.
1981	Auszeichnung „Schönste Bücher des Jahres“ durch eine internationale Jury für die Grafiken in dem Gedichtband „Wachsende Ringe“ von M. Streubel im Mitteldeutschen Verlag Halle/Leipzig.
Seit 1982	Künstlerischer Leiter des Moritzburger Mal- und Zeichenzirkels. Intensive künstlerische Arbeit wird zum Überlebensversuch wie auch die Niederschrift von Gedanken und Reflexionen (innere Emigration). Bis 1990 werden die Holztiefdrucke in der Regel in einem Gang gedruckt (wenn sie nicht von vornherein wegen einer Mehrfarbigkeit auf zwei oder mehr Platten konzipiert sind), auch solche mit Hochdruckanteilen. Mehrfache Befragungen durch Angehörige des Staatsapparats zur Wahl am 7. Mai 1989.
1990/91	erfolgt ein weiterer Schritt hin zu konsequenter Materialartikulation: Die Holztiefdrucke zeigen nun die Holzstruktur pur in Verbindung mit elementaren Formen der Baumästhetik (Kreis, Spirale, Samenkornform, Dreieck, Viereck, Kreuz).
1991	Mitglied des Künstlerbundes Dresden.
Seit 1991	im deutschen WHO'S WHO [„Wer ist Wer?“].
1992	im Sommer schwere Erkrankung. Ordentliches Mitglied der Akademie Humboldt-Gesellschaft Mannheim. Es entstehen jetzt auch Holztiefdrucke durch mehrfaches Abdru-

	cken derselben Platte. Damit hört diese Grafik auf, eine vervielfältigte Zeichnung zu sein, sie entsteht ausschließlich aus Druckvorgängen.
1993	beginnt eine erneute, intensive und innovative Schaffenszeit in der Skulptur wie in der Grafik.
1994	Nominierung zum Ernst-Rietschel-Kunstpreis für Bildhauerei.
1995	seit Juni wird die Arbeitsfähigkeit von einer erneuten schweren Erkrankung eingeschränkt.
2000	Verleihung des Bundesverdienstkreuzes I. Kl. – Erneut schwere Erkrankung.
2001	Befreiung von einem neuen Tumor – Soli Deo Gloria.
7. 6. 2006	Hans Georg Anniès stirbt in Coswig und wird am 14. 06. 2006 in Moritzburg beigesetzt.

Geleitwort von Hans Georg Anniès

Ein Wunder macht es möglich, dass ich jetzt[6] diesen Text schreiben kann: Ein neuer Krebstumor stellte seit Dezember 2000 alles in Frage – er hielt mich zwei Monate im Krankenhaus gefangen. Nun, als Genesender, stelle ich jeden Tag aufs Neue staunend fest, dass ich noch lebe!

Mein Herz ist voll des Dankens an den Ewigen, den Herrn, der solche Wunder tut, auch wenn wir es nicht begreifen und unsere Schulweisheit vor dem Unaussprechlichen streiken muss.

Meine hier vorliegenden Grafiken können als Annäherungen an dieses Unaussprechliche, das ewige Mysterium, gesehen werden, eine Annäherung mit elementaren Formen und Farben in besonderen Kompositionen.

Ich freue mich sehr, dass sie auch in der Arbeit mit Themen der Bibel und des Glaubens einen bescheidenen Dienst tun können. Dies danke ich auch und besonders dem Engagement und dem Einfühlungsvermögen von Dr. Hermann Mahnke, der an der Auswahl, Interpretation und Veröffentlichung dieser Grafiken unverdrossen, freudig und kompetent gearbeitet hat.

[6] im November 2001.

Gottes Gegenüber (1. Mose 1,27)

„Gott schuf den Menschen zu seinem Bilde" (1. Mose 1,27), d.h. zu seinem *verantwortlichen* Gegenüber mit Entscheidungsfreiheit. Die Grafik stellt die Freiheit des Menschen zum guten wie zum bösen Handeln dar: Der Mensch hält einen Baum („Leben") in seinen Händen, der zugleich an einen Atompilz („Tod") erinnert. Die Komplementärkontrastfarben Grün und Rot bringen die *beiden* Möglichkeiten des Menschen in besonders augenfälliger Weise zum Ausdruck: Sie teilen das Bild in zwei Hälften. Die linke Bildhälfte ist in grüner und die rechte in roter Farbe wiedergegeben. Entsprechend sind auch die übergroß dargestellten *Hände* des Menschen – Symbole für sein *Handeln* – in roter und grüner Farbe kontrastiert.

Schaue mich an, Gott, erkenne mein Herz,
achte auf meine Gedanken.
Bin auf dem Weg ich, mein Vater, zu dir?
Führ mich in deine Gemeinschaft!

Herr, du allein weißt genau, wie ich bin.
Was ich auch tue, du siehst es.
Meine Gedanken verstehst du von fern.
Was ich auch rede, du hörst es.

Von allen Seiten umgibst du mich, Herr,
hältst über mir deine Hände.
Flög ich ins Weltall, so bist du mir nah.
Du bleibst mein Gott auch im Tode.

O Herr, wie schwer ist es, dich zu verstehn
und deine Allmacht zu fassen!
Doch dir vertrau ich, denn du bist bei mir,
auch wenn ich dich, Herr, nicht sehe.

Du, Herr und Schöpfer, hast mich einst als Kind
im Mutterleibe gebildet.
Du, Herr, sagst „Ja“ zu mir, das macht mich froh.
Herr, lass mich dankbar dir leben.

Schaue mich an, Gott, erkenne mein Herz,
achte auf meine Gedanken.
Bin auf dem Weg ich, mein Vater, zu dir?
Führ mich in deine Gemeinschaft![7]

---

[7] Nach Ps 139.

Friedenstriptychon „Die Verwandlung des Kain“ (1. Mose 4,1–16 / Eph 2,14 / Lk 10,25–37)

Bild 1 stellt die Geschichte von Kain und Abel dar. In der linken Bildhälfte liegt Abel mit zerschmettertem Kopf. Seine Hände und Füße sind (noch) angst- und schmerzverkrümmt. Abel ist nackt. Eng mit Abel verbunden ist Kain dargestellt. Beide Gestalten sind ineinander verschränkt. Fluchtartig versucht Kain, von Abel loszukommen. Doch sein linker Stiefel „hakt“ an Abel fest. Kann er dem entfliehen, was er angerichtet hat? Kann er sich seiner Schuld durch Flucht entziehen? Kann er seinen Mord verdrängen, vergessen machen? Die Dynamik der Fluchtbewegung des Kain bringt zum Ausdruck, dass er es mit aller Kraft versucht. Nach 1. Mose 4,12 legt Gott ihm ein „unstetes und flüchtiges“ Leben auf. Kain kann fliehen, aber er wird nicht zur Ruhe kommen. Er nimmt seine Schuld, er nimmt sich selber mit: Hass und Gewaltbereitschaft prägen ihn. Seine rechte Hand ist zur Drohgebärde geformt. Sein Gesicht erinnert an einen Totenschädel, wie auf manchen Bildern der Tod dargestellt ist. Kain bringt nicht Leben, sondern Tod. Auch der Helm auf seinem Kopf und die Stiefel – wohl Soldatenstiefel (vgl. Jes 9,4) – unterstreichen die Friedlosigkeit und Gewaltbereitschaft des Kain.

„Dieser Brudermord wiederholt sich seitdem viel tausendfach in einer Welt, die voll ist von Hass, Folter, Krieg und Vernichtung. ‚Der Mensch ist des Menschen Feind‘ – seit Kain. Gottes Geschöpf, mit Vernunft und Intelligenz ausgestattet, ersinnt immer schrecklichere Weisen, den Bruder umzubringen bis in unsere Tage“.[8]

---

[8] Gerhard Kiefer, aus: Zeichen – Lebenszeichen – Hoffnungszeichen. Bilder von H. G. Anniès hsgg. von E. Dieterich, Löwensteiner Materialdienst 1988 S. 91.

Bild 2 zeigt uns Kain unter dem Kreuz. An Christi Kreuz kommt er nicht vorbei. Hier endet seine Flucht. Wie die Christusgestalt an die Darstellung Abels erinnert – man vergleiche die schmerzverkrümmten Füße –, so muss sich Kain vor dem Gekreuzigten erneut mit seiner Schuld auseinander setzen. Kain ist nackt: Sein Leben mit seinem Versagen liegt offen. Vor dem Gekreuzigten „geht er in die Knie“, auf die Knie. Seine Hände bedecken sein im Staub liegendes Gesicht: Vor dem Gekreuzigten tut er Buße, übergibt er seine Schuld, nimmt er Gottes Vergebung an. Christus „ist unser Friede, der aus beiden *eines* gemacht hat und den Zaun abgebrochen hat, der dazwischen war, nämlich die Feindschaft“: Mit diesen Worten spricht Eph 2,14 die Bedeutung der Erlösungstat Jesu am Kreuz aus. Unter dem Kreuz wird Kain verwandelt, wird er ein anderer Mensch. Er hat die Waffe – Sinnbild für seine gewaltbereite Gesinnung – weggeworfen. Sein Hass ist überwunden. Als Friedfertiger verlässt er das Kreuz. „Nun, was du, Herr, erduldet, ist alles meine Last; ich hab es selbst verschuldet, was du getragen hast. Schau her, hier steh ich Armer, der Zorn verdienet hat. Gib mir, o mein Erbarmer, den Anblick deiner Gnad“ (EG 85,4).

Als veränderten Menschen sehen wir Kain in **Bild 3**. Anniès hat ihn als „barmherzigen Samariter“ dargestellt, der einem Gewaltopfer – dem von Räubern halbtot geschlagenen Menschen – hilft. Das Bild ist gewissermaßen das Gegenbild zu Bild 1. Ergreift dort Kain die Flucht vor dem Opfer, so zeigt Bild 3 seine völlige Solidarität mit ihm. Kain beugt sich zu dem Geschundenen herab. Seine ganze Haltung drückt Zuwendung aus: Überlange Arme strecken sich dem Hilfsbedürftigen entgegen. Kains rechte Hand bewegt sich auf die hilfesuchende Hand des Gewaltopfers zu, während sein linker Arm den Halbtoten aufrichtet. Von Kain geht nicht mehr Tod, sondern Leben aus. Darum trägt sein Gesicht auf Bild 3 menschliche, barmherzige, mitleidende Züge. Heißt es in Lk 10,30, dass die Räuber den Überfallenen seiner Kleidung berauben, so bringt Anniès Kains Solidarität mit diesem Leidenden so zum Ausdruck, dass er auch Kain nackt darstellt. Entsprechend haben auch das Gesicht des Gewaltopfers und das Kains große Ähnlichkeit. Kain gibt die Liebe des Gekreuzigten weiter. „Soll ich meines Bruders Hüter sein?“ fragt er in der alten Geschichte (1. Mose 4,9). Der verwandelte Kain wird diese Frage bejahen.

O Herr, mache mich zu einem Werkzeug deines Friedens:
Dass ich Liebe übe, wo man sich hasst.
Dass ich verzeihe, wo man sich beleidigt.
Dass ich verbinde da, wo Streit ist.
Dass ich die Wahrheit sage, wo der Irrtum herrscht.
Dass ich den Glauben bringe, wo der Zweifel drückt.
Dass ich die Hoffnung erwecke, wo Verzweiflung quält.
Dass ich ein Licht anzünde, wo die Finsternis regiert.
Dass ich Freude mache, wo der Kummer wohnt.

Ach Herr, lass du mich trachten:
Nicht, dass ich getröstet werde, sondern dass ich tröste.
Nicht, dass ich verstanden werde, sondern dass ich verstehe.
Nicht, dass ich geliebt werde, sondern dass ich liebe.

Denn wer da hingibt, der empfängt.
Wer sich selbst vergisst, der findet.
Wer verzeiht, dem wird verziehen
und wer stirbt, erwacht zum ewigen Leben.[9]

---

[9] Franz von Assisi zugeschrieben.

„Ich bin der HERR, dein Gott“ (5. Mose 5,6–7)

Hans Georg Anniès hat das 1. Gebot in eine abstrakte Grafik gefasst. Ihr Thema ist „Gotteswelt und Menschenwelt begegnen sich“. Gottes Welt wird mit dem Bundeszeichen des Regenbogens dargestellt. Er ist ein Symbol der Zusage von Gottes Treue zu uns Menschen. Der Regenbogen bestimmt die ganze Grafik, wie das „Ich bin der HERR, dein Gott“ eine unser Leben bestimmende *Zusage Gottes* sein soll: „Wenn ich, der Herr, dein Gott bin, dann *wirst* du keine anderen Götter neben mir haben.“

Die Menschenwelt ist mit den beiden horizontal verlaufenden Linien ins Bild gesetzt. Sie deuten zugleich eine Weltkugel an. Die horizontalen Linien teilen die Grafik in Gottes- und Menschenwelt ein.

In der Menschenwelt liegt – von den Strahlen des Regenbogens erfasst – ein eiförmiges Samenkorn, das den Anfang des Lebens symbolisiert. Auf Gott den Schöpfer gehen die Schöpfung und der Ursprung des menschlichen Lebens zurück. Die Strahlen des Regenbogens treffen auf das Samenkorn und bringen so zum Ausdruck, dass das menschliche Leben ein Leben „im Bunde mit Gott" sein soll, in dem die Beziehung zu Gott zentral ist (1. Gebot).

Gotteswelt (Regenbogen) und Menschenwelt (horizontale Linien) treffen aufeinander und bilden miteinander ein *Kreuz*, das an das Kreuz Jesu Christi erinnern soll. Anniès zieht mit dieser Grafik also eine Verbindungslinie zum Neuen Testament, indem er auf Christus verweist, den „Schnittpunkt" zwischen Gottes- und Menschenwelt („wahrer Mensch und wahrer Gott"): „Jesus ist kommen, Grund ewiger Freude; A und O, Anfang und Ende steht da. Gottheit und Menschheit vereinen sich beide; Schöpfer, wie kommst du uns Menschen so nah!" (J. L. K. Allendorf [1736]: EG 66,1).

Wie das die Grafik dominierende Bundeszeichen des Regenbogens Gottes *Treue* zu uns Menschen nachhaltig betont, so wird uns Gottes *Menschenliebe* besonders im Kreuz Jesu anschaulich, das man auch das „Bundeszeichen" des Neuen Bundes nennen kann: „Denn es ist *ein* Gott und *ein* Mittler zwischen Gott und den Menschen, nämlich der Mensch Christus Jesus, der sich selbst gegeben hat für alle zur Erlösung" (1.Tim 2,5–6).

Wenn wir verstanden haben, dass *Gottes Menschenliebe* uns in seine Gemeinschaft bewegen will, dann werden wir das 1. Gebot nicht als einen Befehl, sondern als eine *Zusage Gottes für uns* ansehen: „Weil ich dich liebe, Mensch, will ich dein Herr und dein Gott sein. Nichts soll unserer Gemeinschaft im Wege stehen." Unsere Sache ist es, diesem Versprechen Gottes zu vertrauen und von dieser Zusage her darauf zu achten, dass keine Götter, Götzen aller Art oder glaubensschädliche Einflüsse unser Verhältnis zu Gott belasten. In diesem Sinne legt auch Martin Luther das 1. Gebot aus: „Was ist das? Wir sollen Gott über alle Dinge fürchten (= respektieren), lieben und vertrauen." Die Grafik von Hans Georg Anniès betont die Zusage Gottes: Das göttliche „ICH BIN" ist groß geschrieben, während das den Menschen betreffende „du sollst" mit kleineren Buchstaben wiedergegeben ist. Die Form der Gesamtgrafik – Bild *und* Text – unterstreicht die Wichtigkeit der Zusage Gottes wie auch die sich für uns Menschen daraus ergebende Konsequenz eines Lebens mit Gott: Bild- und Schriftteil bilden gemeinsam ein großes Ausrufungszeichen.

Ich bin getauft auf deinen Namen, Gott, Vater, Sohn und Heilger Geist; ich bin gezählt zu deinem Samen, zum Volk, das dir geheiligt heißt. Ich bin in Christus eingesenkt, ich bin mit seinem Geist beschenkt.

Du hast zu deinem Kind und Erben, mein lieber Vater, mich erklärt; du hast die Frucht von deinem Sterben, mein treuer Heiland, mir gewährt; du willst in aller Not und Pein, o guter Geist, mein Tröster sein.

Mein treuer Gott, auf deiner Seite bleibt dieser Bund wohl feste stehn; wenn aber ich ihn überschreite, so lass mich nicht verloren gehn; nimm mich, dein Kind, zu Gnaden an, wenn ich hab einen Fall getan.[10]

Auf dem Weg mit Gott (5. Mose 8,2–9)

[10] EG 200: „Ich bin getauft auf deinen Namen" von Joh. J. Rambach (1735).

Die Grafik spricht für sich. Sie zeigt einen Menschen, ein Kind Gottes (1. Joh 3,1), das in seinem Leben von Gott (goldgelbe Farbe) geführt wird, das sich aber auch durch gute und schwere Zeiten (dunkler Hintergrund und Lichtstrahl) führen lässt, weil es Gott vertraut. Diese Lektion des Gottvertrauens dürfen wir nach Ps 23 in unserem gesamten Leben lernen. Israel hatte dazu besonders in der *Wüstenzeit* Gelegenheit, nachdem Gott sein Volk auf wunderbare Weise aus der Sklaverei in Ägypten in eine Freiheit des Lebens mit IHM geführt hatte. ***5. Mose 8,2–9*** blickt dankbar zurück:

„Und *gedenke des ganzen Weges, den dich der HERR, dein Gott, geleitet hat* diese vierzig Jahre in der Wüste, auf dass er dich demütigte und versuchte, damit kundwürde, was in deinem Herzen wäre, ob du seine Gebote halten würdest oder nicht. Er ... ließ dich hungern und speiste dich mit Manna, das du und deine Väter nie gekannt hatten, auf dass er dir kundtäte, dass der Mensch nicht lebt vom Brot allein, sondern von allem, was aus dem Mund des HERRN geht. Deine Kleider sind nicht zerrissen an dir, und deine Füße sind nicht geschwollen diese vierzig Jahre. So erkennst du ja in deinem Herzen, dass *der HERR, dein Gott, dich erzogen hat, wie ein Mann seinen Sohn erzieht.* So *halte nun die Gebote des HERRN, deines Gottes, dass du in seinen Wegen wandelst und ihn fürchtest* [= ihm vertraust]. Denn *der HERR, dein Gott, führt dich* in ein gutes Land, ein Land, darin Bäche und Brunnen und Seen sind, die an den Bergen und in den Auen fließen, ein Land, darin Weizen, Gerste, Weinstöcke, Feigenbäume und Granatäpfel wachsen, ein Land, darin es Ölbäume und Honig gibt, ein Land, wo du Brot genug zu essen hast, wo dir nichts mangelt, ein Land, in dessen Steinen Eisen ist, wo du Kupfererz aus den Bergen haust."

> Der HERR ist mein Hirte, mir wird [in guten und schweren Zeiten]
> nichts [an seiner Nähe] mangeln. ER weidet mich auf einer grünen Aue
> und führt mich zum frischen Wasser. ER erquickt meine Seele.
> ER führt mich auf rechter Straße um seines Namens willen.
> Und ob ich schon wanderte im finstern Tal, fürchte ich kein Unglück;
> denn DU bist bei mir, DEIN Stecken und Stab trösten mich.
> DU bereitest vor mir einen Tisch im Angesicht meiner Feinde.
> DU salbst mein Haupt mit Öl und schenkst mir voll ein.
> Gutes und Barmherzigkeit werden mir folgen mein Leben lang,
> und ich werde bleiben im Hause des HERRN immerdar.[11]

---

[11] Psalm 23.

„Weise mir, HERR, deinen Weg“ (Ps 86,11)

Nach einiger Zeit der Betrachtung entdeckt man in der Mitte der Grafik einen Menschen im Schnittpunkt eines Frage- und eines Ausrufungszeichens, die kontrastreich in blauer und oranger Farbe übereinander gesetzt sind. Ihr jeweiliger „Punkt“ wird durch das Bibelwort von Ps 86,11 wiedergegeben. Das Ausrufezeichen symbolisiert den von Gott gewiesenen Weg, während das Fragezeichen die Unsicherheit des Menschen zum Ausdruck bringt: „Wo geht es lang?“ „Welches ist der Weg Gottes für mich?“ Wenn der Künstler den Menschen im Schnittpunkt von Frage- und Ausrufezeichen darstellt, dann macht er damit eine Aussage über die Existenz des Glaubenden: Glaube ist immer ein Wagnis. Der Glaubende geht seinen Lebensweg im Vertrauen auf Gottes Führung. Das Gebet, Gottes Wort und die 10 Gebote schenken ihm Orientierung auf seinem Weg. Dennoch ist das Leben im Glauben von der ständigen Frage nach dem *Weg Gottes für mich* begleitet: „Weise mir, HERR, deinen Weg, dass ich wandle in deiner Wahrheit“ (Ps 86,11). Beides – Gewissheit und Fragen nach Gottes Weg für mich – ist beim glaubenden Menschen immer zugleich vorhanden. Glaubens*sicherheit* gibt es nicht, wohl aber Glaubens*gewissheit*.

Jesu, geh voran
auf der Lebensbahn!
Und wir wollen nicht verweilen,
dir getreulich nachzueilen;
führ uns an der Hand
bis ins Vaterland.

Soll's uns hart ergehn,
lass uns feste stehn
und auch in den schwersten Tagen
niemals über Lasten klagen;
denn durch Trübsal hier
geht der Weg zu dir.

Rühret eigner Schmerz
irgend unser Herz,
kümmert uns ein fremdes Leiden,
o so gib Geduld zu beiden;
richte unsern Sinn
auf das Ende hin.

Ordne unsern Gang,
Jesu, lebenslang.
Führst du uns durch rauhe Wege,
gib uns auch die nöt'ge Pflege;
tu uns nach dem Lauf deine Türe auf.[12]

[12] EG 391: „Jesu, geh voran“ von Nikolaus von Zinzendorf (1721).

„Der Höchste ist deine Zuflucht“ (Ps 91,9)

Ps 91,1–2.9: „Wer unter dem Schirm des Höchsten sitzt und unter dem Schatten des Allmächtigen bleibt, der spricht zu dem HERRN: Meine Zuversicht und meine Burg, mein Gott, auf den ich hoffe ... Der HERR ist deine Zuversicht, der Höchste ist deine Zuflucht.“

Auch diese Grafik (vgl. S. 21) spricht für sich: Ein „Kind Gottes“ (Joh 1,12; Gal 3,26; 1. Joh 3,1–2) findet bei seinem himmlischen Vater Zuflucht. Im unser Leben begleitenden Gebet können wir Gott alles sagen, was uns beschäftigt: In bedrängenden Situationen bringen wir vor Gott, was uns quält und was uns Angst macht. Wir können vor ihm klagen und vor ihm aussprechen oder herausschreien, worunter wir zu leiden haben; doch werden wir Gott mitunter auch sagen und vor ihm bekennen, wo andere unter uns zu leiden hatten. Leid, Krankheit und Tod können uns in die Arme unseres himmlischen Vaters treiben (Ps 50,15). Im Gebet legen wir unsere Lasten vor Gott ab – und durch das Gebet werden wir bereit, offen für *Gottes* Hilfe zu werden. *Sein* Wille geschehe.

Unser Gebet ist aber nicht nur von *Bitten* und *Fürbitten* geprägt, sondern vielfach auch vom *Dank* für so vieles, womit Gott unser Leben bereichert und segnet (1. Tim 2,1). Wir können Gottes Hilfe in unserem Leben in vielfältiger Weise erfahren, etwa im hilfreichen Wirken von Ärzten, Familienangehörigen und Freunden, oder etwa auch in dankbar empfundenen positiven Wendungen unseres Geschicks, mit denen „der Höchste“ uns erfreut und aufatmen lässt.

So nimm denn meine Hände / und führe mich
bis an mein selig Ende / und ewiglich.
Ich mag allein nicht gehen, / nicht einen Schritt:
wo du wirst gehn und stehen, / da nimm mich mit.

In dein Erbarmen hülle / mein schwaches Herz
und mach es gänzlich stille / in Freud und Schmerz.
Lass ruhn zu deinen Füßen / dein armes Kind:
es will die Augen schließen / und glauben blind.

Wenn ich auch gleich nichts fühle / von deiner Macht,
du führst mich doch zum Ziele / auch durch die Nacht:
so nimm denn meine Hände / und führe mich
bis an mein selig Ende / und ewiglich![13]

---

[13] EG 376: „So nimm denn meine Hände“ von Julie Hausmann (1862).

VERLASST EUCH
STETS AUF DEN HERRN
DENN GOTT DER HERR
IST EIN EWIGER FELS
JESAJA
26/4

Ins Auge springt der „zwiespältige" Baum mit einer starken oberen und einer erschlafften unteren Hälfte. Er lässt an das zwiespältige Verhältnis des Gottesvolkes Israel zu seinem Gott denken, das der Einnahme des Landes Kanaan folgte. Besonders im Lande Kanaan war Israel zwischen seinem Gott JAHWE (s. 2. Mose 3,13–14) – er hatte Israel aus der Sklaverei in Ägypten in das Land Kanaan geführt – und dem von der kanaanäischen Bevölkerung verehrten Fruchtbarkeitsgott Baal hin- und hergerissenen. Das Gottesvolk diente Gott nicht ungeteilt, sondern es fiel immer wieder von seinem Gott zum Baalskult ab (z.B. Ri 2).

Der „zwiespältige" Baum kann auch als Gleichnis für unser persönliches Glaubensleben dienen, das sowohl von Gottvertrauen als auch von Zweifeln an Gott geprägt ist.

Der Baum steht in einem bewegten, hellen Raum: Man fühlt sich an flimmernde Sonnenglut, doch auch an einen Sturm erinnert. Wenn seine Wurzeln dem Baum Wasser zuführen, wird er im gleißenden Sonnenlicht nicht verdorren. Wenn die Wurzeln fest im Boden verankert sind, kann der Baum den „Stürmen des Lebens" standhalten.

Das *unter* dem Bildteil stehende Bibelwort von Jes 26,4 – „Verlasst euch stets auf den HERRN, denn Gott der HERR ist ein ewiger Fels" – bringt zum Ausdruck, dass Israels und unser Glaube auf unserem Gottvertrauen *fußt*: „Verlasst euch *stets* auf den HERRN ..."

Wie kann Israel, wie können wir Gottvertrauen gewinnen? Die Antwort gibt die gesamte Grafik: Wenn man das *Bibelwort* unter dem Baum mit einem Blatt Papier abdeckt, dann beraubt man den Baum seiner Lebensgrundlage. Gewissermaßen schneidet man ihm die Wurzeln ab. Die Wurzeln unseres Glaubens gründen im Wort Gottes, das hier konkret in der Gestalt von Jes 26,4 begegnet. Gottes Wort gibt uns Halt – auch wenn es in unserem Leben „stürmisch" zugehen sollte. Gottes Wort nährt und stärkt unseren Glauben, wie Wasser den Baum erhält und vor dem Verdorren bewahrt. Darum beschäftigen wir uns immer wieder mit dem Wort Gottes – im Gottesdienst und/oder auch in Gesprächsgruppen über biblische Bücher und Texte –, damit unser Glaube und unser Gottvertrauen wachsen können. Wie es der Prophet Jeremia sagt: „Gesegnet aber ist der Mann, der sich auf den HERRN verlässt und dessen Zuversicht der HERR ist. Der ist wie ein Baum, am Wasser gepflanzt, der seine Wurzeln zum Bach hin streckt. Denn obgleich die Hitze kommt, fürchtet er sich doch nicht, sondern seine Blätter bleiben grün; und er sorgt sich nicht, wenn ein dürres Jahr kommt, sondern bringt ohne Aufhören Früchte" (Jer 17,7–8).

Hilf mir und segne meinen Geist mit Segen, der vom Himmel fleußt, dass ich dir stetig blühe; gib, dass der Sommer deiner Gnad in meiner Seele früh und spat viel Glaubensfrüchte ziehe, viel Glaubensfrüchte ziehe.

Mach in mir deinem Geiste Raum, dass ich dir werd ein guter Baum, und lass mich Wurzel treiben. Verleihe, dass zu deinem Ruhm ich deines Gartens schöne Blum und Pflanze möge bleiben, und Pflanze möge bleiben.

Erwähle mich zum Paradeis und lass mich bis zur letzten Reis an Leib und Seele grünen, so will ich dir und deiner Ehr allein und sonsten keinem mehr hier und dort ewig dienen, hier und dort ewig dienen.[14]

Rettung in Gottes Gemeinschaft (Jes 45,22)

[14] EG 503: „Geh aus mein Herz“ von Paul Gerhardt (1653).

„Wendet euch zu mir, so werdet ihr gerettet, aller Welt Enden; denn ich bin Gott und sonst keiner mehr“ (Jes 45,22): Hans Georg Anniès gibt dieses Jesajawort in Form eines Kreuzes wieder: Das Kreuz Christi ist die große Rettungstat Gottes für alle Menschen, von der das Neue Testament spricht, wie die Befreiung Israels aus der Sklaverei in Ägypten als Gottes grundlegendes Rettungshandeln an seinem auserwählten Volk im Alten Testament bezeugt wird.

In der Bibel – besonders auch im Neuen Testament – wird immer wieder deutlich, dass Gott uns Menschen *in seine Gemeinschaft* rettet. Es ist die Gemeinschaft mit dem *ewigen* Gott, die auch der Tod nicht zunichte machen kann. Das Leben mit Gott, das *ewige* Leben beginnt schon hier, auf Erden: „Denn also hat Gott die Welt geliebt, dass er seinen einzigen Sohn gab, damit alle, die an ihn glauben, nicht verloren werden, sondern das ewige Leben haben ... Wer an den Sohn glaubt, der *hat das ewige Leben*“ (Joh 3,16.36; s. auch 5,24). Grün ist die Farbe des Lebens. Mit der grünen Grundfarbe der Grafik unterstreicht Hans Georg Anniès den Gedanken der Rettung von uns Menschen in das *ewige Leben* mit Gott.

Auffällig ist der Querbalken des Kreuzes gestaltet: nicht als gleichmäßig breiter, waagerechter Balken, sondern *dynamisch* nach oben und unten auseinanderstrebend. Hier hat Anniès die rettende *Kraft* (griechisch „dynamis“) des „Wortes vom Kreuz“ zum Ausdruck gebracht: „Denn das Wort vom Kreuz ist eine Torheit denen, die verloren werden; uns aber, die wir selig werden, ist's eine Gottes*kraft*“ (1. Kor 1,18). „Denn ich schäme mich des Evangeliums nicht; denn es ist eine *Kraft* Gottes, die selig macht alle, die daran glauben, die Juden zuerst und ebenso die Griechen (= die Heiden, die Nichtjuden)“ (Röm 1,16).

Beide Testamente sagen: Weil Gott der rettende Gott ist, dürfen wir uns ihm vertrauensvoll zuwenden. Weil Gott der *eine* und *wahre* Gott ist, sind allein bei ihm Rettung und Heil, Vergebung und neues Leben zu finden. Die 10 Gebote des rettenden, neues Leben schaffenden Gottes wollen uns dabei helfen, *mit Gott* und *zum Segen unserer Mitmenschen* zu leben. Sie sind Lichtern im Dunkeln vergleichbar, die uns Orientierung auf unserem Lebensweg schenken. Mitunter dienen sie uns auch als Schranken, die uns vor bösem Handeln bewahren. So ist die Gabe der 10 Gebote selber ein Akt des rettenden Handelns Gottes: Durch die Gebote 1–3 will Gott das Leben der Menschen mit sich selbst intakt halten, während die Beachtung der Gebote 4–10 das Leben der Menschen untereinander vor Schaden bewahren soll.

„Wendet euch zu mir, so werdet ihr gerettet, aller Welt Enden; denn ich bin Gott und sonst keiner mehr“ (Jes 45,22). – „Darin ist erschienen die Liebe Gottes unter uns, dass Gott seinen eingeborenen Sohn gesandt hat in die Welt, damit wir durch ihn leben sollen. Darin besteht die Liebe: nicht, dass wir Gott geliebt haben, sondern dass er uns geliebt hat und gesandt seinen Sohn zur Versöhnung für unsre Sünden. Ihr Lieben, hat uns Gott so geliebt, so sollen wir uns auch untereinander lieben ... Lasst uns lieben, denn er hat uns zuerst geliebt“ (1.Joh 4,9–11.19).

Ich will nicht den Tod des Gottlosen,
spricht Gott unser Herr.
Ich will vielmehr, dass er sich bekehrt
und am Leben bleibt (Hes 18,23).

Denn so sehr hat Gott die Welt geliebt:
gab uns seinen Sohn.
Wer an ihn glaubt, nicht verloren geht,
lebt in Ewigkeit (Joh 3,16).

Gottes Geist die Welt lebendig macht.
Hört auf Christi Wort:
Alles, was er euch verkündigt hat,
bringt euch seinen Geist (Joh 6,63).

Ich will nicht den Tod des Gottlosen,
spricht Gott, unser Herr.
Ich will vielmehr, dass er sich bekehrt
und am Leben bleibt (Hes 18,23).

Der leidende Gottesknecht (Jes 53,3–12)

Kein Text des Alten Testaments steht dem Neuen Testament näher als Jesajas Prophetie vom leidenden Gottesknecht (Jes 53,3–12). Mit den Aussagen dieses Textes „im Hinterkopf" betrachten wir die Grafik vom verachteten Christus, die Hans Georg Anniès im Zusammenhang einer 4-teiligen Darstellung von Jesu Passion und Auferweckung geschaffen hat:

Die untere Bildhälfte wird vom dornengekrönten Christushaupt dominiert (vgl. EG 85,1–3, wo u.a. auch Jes 53 im Hintergrund steht). Das die Betrachter anschauende Antlitz Christi ist vom Tode gezeichnet. Wenn man die von uns aus gesehen linke Gesichtshälfte abdeckt, ist der am Kreuz für uns *gestorbene* Christus zu erkennen.

Die obere Bildhälfte wird von zwei Händen geprägt, die auf Christus in deutlich ablehnender Gebärde weisen. Die dazugehörige Gestalt – sie ist nur zur Hälfte zu sehen – wirkt wie eine Last auf den Schultern des gebundenen Dornengekrönten: „Fürwahr, er trug unsre Krankheit und lud auf sich unsere Schmerzen ... Die Strafe liegt auf ihm, auf dass wir Frieden hätten" (Jes 53,4–5).

Das Kreuz Christi, das an seinen stellvertretenden Tod für uns erinnert, ist durch die Gesamtkomposition angedeutet: Christus und die Gestalt des Ablehnenden bilden eine senkrechte Linie, den Kreuzesstamm. Die Schuhe des ablehnenden Menschen und der Strick, mit dem Christus gefesselt ist, bilden eine waagerechte Linie, den Kreuzesbalken.

Wenn man die Christusgestalt umranden würde, entstünde die Form eines Samenkorns, das schon großenteils in der Erde versunken ist: „Wenn das Weizenkorn nicht in die Erde fällt und erstirbt, bleibt es allein; wenn es aber erstirbt, bringt es viel Frucht" (Joh 12,24). Die Fesseln Christi haben die Form von *Kornähren.* Die Grafik will also auch auf die Frucht der Lebenshingabe Jesu hinweisen: Gott hat sein Selbstopfer angenommen (Jes 53,11–12). So wurde Christus der Mittler eines neuen Bundes zwischen Gott und seiner Menschheit (1. Tim 2,5; Hebr 9,15). Gott erhöht ihn, indem er ihn zum Herrscher „im Himmel und auf Erden" einsetzt (Mt 28,18).

Da ich noch nicht geboren war, / da bist du mir geboren
und hast mich dir zu eigen gar, / eh ich dich kannt, erkoren.
Eh ich durch deine Hand gemacht, / da hast du schon bei dir bedacht,
wie du mein wolltest werden.

Wann oft mein Herz vor Kummer weint / und keinen Trost kann
finden, / rufst du mir zu: „Ich bin dein Freund, /
ein Tilger deiner Sünden. / Was trauerst du, o Bruder mein?
Du sollst ja guter Dinge sein, / ich zahle deine Schulden."

Du fragest nicht nach Lust der Welt / noch nach des Leibes Freuden;
du hast dich bei uns eingestellt, / an unsrer Statt zu leiden,
suchst meiner Seele Herrlichkeit / durch Elend und Armseligkeit; das
will ich dir nicht wehren.[15]

[15] EG 37: „Ich steh an deiner Krippen hier" von Paul Gerhardt (1653).

Vom Tod zum Leben (Klgl 1,12.17; 3,55–57 / Hes 37,3–6

Manche Grafiken von Hans Georg Anniès können auf mehrere in der Bibel berichtete Begebenheiten bezogen werden. Die vorliegende Grafik „Vorübergegangen" stellt ursprünglich die Situation des von Räubern halb tot geschlagenen Menschen dar, der zunächst vergeblich nach Hilfe Ausschau hält und um Hilfe bittet (Gleichnis vom barmherzigen Samariter: Lk 10,25–37).

Die Grafik ist zugleich geeignet, uns die Situation des von Gott durch die babylonische Großmacht gerichteten Gottesvolkes eindrücklich vor Augen zu führen. Vor diesem Gericht hatten die Gerichtspropheten ihr „schwerhöriges" Volk im Auftrage Gottes immer wieder gewarnt (z.B. Jer 4,1–4; 6,10; 7,1–15;). Wie sich ein Samaritaner des halb toten Juden erbarmte (Lk 10,33–35), so wendet Gott dem gerichteten, wie toten Gottesvolk sein Erbarmen wieder zu: im zerstörten Heiligen Land und im Exil. Die nachfolgenden Schriftworte aus der Zeit nach der Zerschlagung Judas und Jerusalems werden durch die Grafik veranschaulicht:

- ***Klgl 1,12:*** Euch allen, *die ihr vorübergeht*, sage ich: „Schaut doch und seht, ob irgendein Schmerz ist wie mein Schmerz, der mich getroffen hat; denn *der HERR hat Jammer über mich gebracht am Tage seines grimmigen Zorns.*"
- ***Klgl 1,17:*** *Zion streckt ihre Hände aus, und doch ist niemand da, der sie tröstet*; denn der HERR hat gegen Jakob seine Feinde ringsum aufgeboten, so dass Jerusalem zwischen ihnen sein muss wie eine unreine Frau.
- ***Klgl 3,55–57:*** *Ich rief aber deinen Namen an, HERR, unten aus der Grube*, und du erhörtest meine Stimme: „Verbirg deine Ohren nicht vor meinem Seufzen und Schreien!" Du nahtest dich zu mir, als ich dich anrief, und sprachst: Fürchte dich nicht!
- ***Hes 37,3–6:*** Und er sprach zu mir: Du Menschenkind, meinst du wohl, dass diese Gebeine wieder lebendig werden? Und ich sprach: HERR, mein Gott, du weißt es. Und er sprach zu mir: Weissage über diese Gebeine und sprich zu ihnen: Ihr verdorrten Gebeine, höret des HERRN Wort! *So spricht Gott der HERR zu diesen Gebeinen: Siehe, ich will Odem in euch bringen, dass ihr wieder lebendig werdet. Ich will euch Sehnen geben und lasse Fleisch über euch wachsen und überziehe euch mit Haut und will euch Odem geben, dass ihr wieder lebendig werdet; und ihr sollt erfahren, dass ich der HERR bin.*

Ich preise dich, HERR; denn du hast mich
aus der Tiefe gezogen und lässt meine Feinde
sich nicht über mich freuen.
HERR, mein Gott, als ich schrie zu dir,
da machtest du mich gesund.
HERR, du hast mich von den Toten heraufgeholt;
du hast mich am Leben erhalten, aber sie mussten
in die Grube[16] fahren.
Lobsinget dem HERRN, ihr seine Heiligen,
und preiset seinen heiligen Namen!
Denn sein Zorn währt einen Augenblick
und lebenslang seine Gnade.
Den Abend lang währt das Weinen,
aber des Morgens ist Freude.
Ich aber sprach, als es mir gut ging:
Ich werde nimmermehr wanken.
Denn, HERR, durch dein Wohlgefallen hattest
du mich auf einen hohen Fels gestellt.
Aber als du dein Antlitz verbargest, erschrak ich.
Zu dir, HERR, rief ich, und zum Herrn flehte ich:
Was nützt dir mein Blut, wenn ich zur Grube fahre?
Wird dir auch der Staub danken
und deine Treue verkündigen?
HERR, höre und sei mir gnädig!
HERR, sei mein Helfer!
Du hast mir meine Klage verwandelt in einen Reigen,
du hast mir den Sack der Trauer ausgezogen
und mich mit Freude gegürtet,
dass ich dir lobsinge und nicht stille werde.
HERR, mein Gott, ich will dir danken in Ewigkeit.[17]

---

[16] = ins Grab.

[17] Psalm 30.

An der Gottes- und Nächstenliebe festhalten (Hos 12,7)

Das Bibelwort Hos 12,7 ist zweigeteilt. An oberster Stelle finden sich die Worte „Halte fest“, gewissermaßen wie eine über das Ganze gesetzte Präambel. Der Glaubende ist immer wieder zur Entscheidung für Gott und für ein der Gemeinschaft mit Gott angemessenes Leben aufgerufen. Festhalten soll der Glaubende an der Nächstenliebe („Barmherzigkeit und Recht“) und an der Gottesliebe („hoffe stets auf deinen Gott“). Diese Grundgebote des Glaubens sind in Form eines Kreises wiedergegeben. Der Kreis ist die Form der Vollkommenheit, der Ungeteiltheit: Gottesliebe und Nächstenliebe sind untrennbar und durch nichts zu ersetzen. Ohne sie geht es nicht, kann Israels und unser Leben mit Gott und untereinander nicht gelingen.

Das in grüner Farbe gehaltene Bibelwort hebt sich deutlich von seinem weinroten Hintergrund ab. Grün ist die Farbe des Lebens: Wer sich dem Geist Gottes öffnet, wer sich um Gotteserkenntnis bemüht und von solcher Prägung her Gottes Gebote ernst nimmt (vgl. Hos 4,6), der wird leben „wie ein Baum, gepflanzt an den Wasserbächen, der seine Frucht bringt zu seiner Zeit, und seine Blätter verwelken nicht“ (= sie bleiben grün [Ps 1,3]).

„Halte fest an Barmherzigkeit und Recht und hoffe stets auf deinen Gott“: Man hält mit den *Händen* fest. Entsprechend bilden zwei sich überkreuzende weiße *Hände* den Hintergrund des Kreises mit dem Prophetenwort: Die untere Hand ist in gebender Gebärde gezeichnet (= an der Barmherzigkeit festhalten), während die obere als Schwurhand gestaltet ist (= am Recht festhalten). Zugleich weist diese Hand nach oben: Auf Gott sollen wir unsere Hoffnung setzen.

Beide Hände bilden ein Kreuz und erinnern den Betrachter auf diese Weise an das Kreuz Christi. Christus hat sein Leben bis zum Tode am Kreuz ganz so gelebt, wie es Gott nach diesem Wort des Propheten von uns Menschen erwartet. Was *wir* nicht vermögen, hat er vollkommen *für uns* getan. Wenn wir es an Gottes- und Nächstenliebe fehlen lassen, dann vergibt Gott uns das um Jesu willen. Das angedeutete Kreuz und die weinrote Farbe (Blut) der Gesamtgrafik wollen uns an Jesu Lebenshingabe für uns erinnern. Seine Liebe zu uns Menschen will *uns* zur Liebe zu Gott – „hoffe stets auf deinen Gott“ – und zur Liebe zu unserem Nächsten – „halte fest an Barmherzigkeit und Recht“ – bewegen: „Darin besteht die Liebe: nicht dass wir Gott geliebt haben, sondern dass er uns geliebt hat und gesandt seinen Sohn zur Versöhnung für unsere Sünden ... Lasst uns lieben, denn er hat uns zuerst geliebt“ (1. Joh 4,10.19).

Lass mich, o Herr, in allen Dingen / auf deinen Willen sehn und dir mich weihn. / Gib selbst das Wollen und Vollbringen / und lass mein Herz dir ganz geheiligt sein. / Nimm meinen Leib und Geist zum Opfer hin; / dein, Herr, ist alles, was ich hab und bin.

Gib meinem Glauben Mut und Stärke / und lass ihn in der Liebe tätig sein, / dass man an seinen Früchten merke, / er sei kein eitler Traum und falscher Schein. / Er stärke mich in meiner Pilgerschaft[18] / und gebe mir zum Kampf und Siege Kraft.

Lass mich, solang ich hier soll leben, / in gut und bösen Tagen sein vergnügt (= gelassen), / und deinem Willen mich ergeben, / der mir zum Besten alles weislich fügt; / gib Furcht (= Ehrfurcht) und Demut, wann du mich beglückst, Geduld und Trost, wann du mir Trübsal schickst.[19]

„Sucht MICH, so werdet ihr leben“ (Am 5,4)

[18] = in meinem Leben im Glauben: 2. Kor 5,7.

[19] EG 414: „Lass mich, o Herr, in allen Dingen“ von Georg J. Zollikofer (1766).

Die Gestaltung des Textes von Am 5,4 „Sucht mich, so werdet ihr leben" und die Aussage der bildlichen Darstellung ergänzen einander: Die Grafik hat etwas *Nebelhaftes*: Es sind Menschen zu erkennen, die im Dunklen auf der Suche sind (überlange, ausgestreckte Arme). Ihre Suche nach Gott – dazu fordert der Prophet sie ja auf – führt sie *aufeinander zu*. Gott begegnet uns nicht direkt, sondern in Menschen. Die Gestalten der Grafik sind nahe beieinander. Gott zu finden ist eigentlich nicht schwer, und doch ist es nicht so einfach, weil er uns eben *in Menschen* begegnet – und nicht in seiner göttlichen Macht und Herrlichkeit, wie wir es gerne hätten (vgl. 2. Mose 33,12–23, besonders V. 20). In Menschen können wir Gott finden. Den Israeliten zur Zeit des Amos begegnete Gott insbesondere im Wort der Propheten, aber auch in den Mitmenschen, denen man Nächstenliebe schuldete, Recht und Gerechtigkeit (vgl. die Am 5,4 folgenden Verse 5–15).

Das Neue Testament bezeugt, dass Gott uns in *Jesus Christus* ganz nahe gekommen ist („Gott war in Christus": 2. Kor 5,19; s. auch Joh 1,14). Wie in den Grafiken von Hans Georg Anniès üblich, lenkt ein angedeutetes Kreuz unser Augenmerk auf Christus. Das Kreuz wird durch die hellen Arme der Gestalt ganz rechts und die sie teilende, helle vertikale Linie gebildet.

Die Aussage der bildlichen Darstellung wird durch die künstlerische Gestaltung des Amoswortes verstärkt: „Gott spricht: Sucht mich, so werdet ihr leben". Dieses *Leben* verheißende Wort ist in der grünen Farbe des Lebens wiedergegeben. „Gott" steht ganz außen vor. Er ist dem Gottesvolk des Nordreichs[20], an das Amos sich wendete, aber auch dem Gottesvolk des Südreichs Juda fremd geworden. Doch auch *wir* haben keinen unmittelbaren Zugang zu Gott. Darum müssen wir ihn suchen. „Suchet mich!": Das Wort „mich" (Gott) ist besonders undeutlich wiedergegeben. Es nimmt die nebelhaften Züge des darüber befindlichen blauen Rechtecks auf. Dort ist dargestellt, wie wir Gott finden können: In Menschen, von denen die Bibel berichtet, insbesondere in Jesus Christus, doch auch in Menschen unserer Gegenwart. Wenn wir Gott suchen, müssen wir bereit sein, ihm in Menschen zu begegnen. Er tritt uns in Menschen gegenüber, die uns etwas von Gott zu sagen haben: „Wer euch hört, der hört mich ..." (Lk 10,16). Und er begegnet uns in Menschen, die unsere Liebe brauchen: „Was ihr getan habt einem von diesen meinen geringsten Brüdern, das habt ihr mir getan" (Mt 25,40).

---

[20] Nach Salomos Tod zerbrach die Einheit des Königreiches Israel. Hinfort existierte das Volk Israel in zwei Staaten: dem kleineren Südreich „Juda" und dem größeren Nordreich „Israel".

Ich habe nun den Grund gefunden,
der meinen Anker ewig hält,
wo anders als in Jesu Wunden?
Da lag er vor der Zeit der Welt,
der Grund, der unbeweglich steht,
wenn Erd und Himmel untergeht.

Es ist das ewige Erbarmen,
das alles Denken übersteigt;
es sind die offnen Liebesarme
des, der sich zu den Sündern neigt,
dem allemal das Herze bricht,
wir kommen oder kommen nicht.

Wir sollen nicht verloren werden,
Gott will, uns soll geholfen sein;
deswegen kam der Sohn auf Erden
und nahm hernach den Himmel ein,
deswegen klopft er für und für
so stark an unsers Herzens Tür.[21]

---

[21] EG 354: „Ich habe nun den Grund gefunden“ von Johann A. Rothe (vor 1722).

„Mein Geist soll unter euch bleiben“ (Hag 2,5)

Diese eindrückliche Grafik zu Hag 2,5 ist nicht jedem Betrachter auf Anhieb zugänglich: Zunächst springt ein dunkles Viereck ins Auge, das die „vier Enden der Erde“ (vgl. Offb 20,8) – also unsere Welt – symbolisiert. Genau genommen besteht das Viereck aus dunklen, teilweise stabartigen Rechtecken, die an ein Gitter erinnern sollen, genauer an ein Gefängnisgitter: Unser irdisches Leben ist dieser von Sünde, Leid und Tod bestimmten Welt verhaftet, es ist an sie gebunden. In der Mitte der Gitterstäbe ist der Durchblick frei: Der Blick fällt auf ein Kreuz, das durch die Worte von Hag 2,5 gebildet wird: „Mein Geist soll unter euch bleiben. Fürchtet euch nicht." Haggai sagt seinen nach der Zerstörung Jerusalems durch die Babylonier in kümmerlichen Verhältnissen lebenden Zeitgenossen in Gottes Auftrag die bleibende Gegenwart des Geistes Gottes – dieser unsichtbaren Gotteskraft – zu. Er wird den Israeliten Tatkraft beim Tempelneubau schenken, sie zu diesem Werk stärken und ermutigen und danach im Tempel bleibend unter ihnen sein.

Wenn Hans Georg Anniès dieses Wort Haggais in Kreuzform dargestellt hat, dann bringt er damit zum Ausdruck, dass wir *Christen* Gottes Nähe besonders in Jesus Christus erfahren. Gott hat den ohnmächtig am Kreuz hängenden Christus gerade nicht verlassen (vgl. Mk 15,34), sondern er war ihm nahe, nahm seinen stellvertretenden Tod für uns Menschen an, weckte ihn von den Toten auf und schenkte ihm göttliche Vollmacht über alle Welt (Mt 28,18–20). In der Kraft des Heiligen Geistes wirkt Christus heute durch seine Kirche, die ihn weltweit bezeugt. So heißt es in Apg 1,8: „Ihr werdet die Kraft des Heiligen Geistes empfangen, der über euch kommen wird, und werdet meine Zeugen sein in Jerusalem und in ganz Judäa und Samaria und bis an das Ende der Erde."

Das weltweite Wirken der Kirche erscheint in dieser Grafik in Form von vier Dreiecken, die in dunkelgrüner Farbe gehalten sind. Die Dreiecke sind um den Schnittpunkt der Kreuzesbalken herum angeordnet: Zentrum der Kirche ist Christus, in dem Gott uns Menschen nahe ist und der uns Menschen Gott nahe bringt. Nur wenn Christus der Mittelpunkt der Kirche ist, wird sie ihrem Auftrag nachkommen können, den sie von Christus erhielt: Wie die Dreiecke auf das Kreuz weisen, so soll die Kirche die zentrale Botschaft des Neuen Testaments – das *Evangelium von Jesu Kreuz und Auferweckung für uns* – in aller Welt bezeugen.

Es fällt auf, dass die Dreiecke durch die dunklen Gitterstäbe begrenzt werden: Die Kirche bleibt an das irdische Leben gebunden. Sie ist – wie die Erde – etwas Vorläufiges. Vollkommenheit zeichnet das vollendete Reich Gottes aus, nicht die Kirche und nicht uns Christen. Doch Gottes schöpferischer Geist überwindet diese gottentfremdete, vergängliche Welt. Von dem *Gottes Geist* zusprechenden Prophetenwort gehen wellenartig Kraftlinien aus, die die Grenzen der Welt hinter sich lassen. Jesus sagt in Joh 16,33 zu seinen Jüngern: „In der Welt habt ihr Angst; aber seid getrost, *ich* habe die Welt überwunden."

Wenn wir uns an ihn halten, bekommen wir Anteil an seiner Vollmacht, Anteil an seinem Geist: „Der Geist ist's, der lebendig macht; das Fleisch[22] ist nichts nütze. Die Worte, die ich zu euch geredet habe, die sind Geist und sind Leben" (Joh 6,63). Grün ist die diese Grafik prägende Farbe des Lebens.

Gott sagte den unter schwierigen Bedingungen lebenden Israeliten zur Zeit des nur zögerlich durchgeführten Tempelneubaus die *bleibende* Nähe seines Geistes zu. Durch seinen Geist stärkte er sie in ihrem Gottvertrauen, in ihrem Leben und in ihrem Vorhaben, den von den Babyloniern zerstörten Tempel neu zu errichten.

Der auferstandene Christus ist uns im Geiste *bleibend* nahe: „Siehe, ich bin bei euch alle Tage bis an das Ende der Welt" (Mt 28,20). Hans Georg Anniès bringt die große Bedeutung dieser Zusagen in seiner Grafik so zum Ausdruck, dass er das „UNTER EUCH" mit großen und das „BLEIBEN" mit noch größeren Lettern wiedergibt. Weil Gott uns in seinem Geist nahe ist, und weil er in der Kraft seines schöpferischen Geistes die Grenzen dieser irdischen Welt überwindet, darum dürfen wir von ihm immer wieder Hilfe, Kraft und Stärkung in unserem Leben und Glaubensleben erfahren. Darum hoffen wir auf seine Hilfe auch in Zeiten, in denen wir verzagt sind. Das „FÜRCHTET EUCH NICHT" des Prophetenwortes reicht bis in die Tiefe: Es gilt besonders auch dann, wenn wir „down", wenn wir „ganz unten", wenn wir „am Boden" sind.

Herr, stärke unsern Glauben, wir leben im Glauben, wir schauen dich nicht!
Herr, lass uns deutlich spüren, dass du im Verborgenen nahe uns bist.

Du sandtest uns Christus, den Herrn, / du willst durch sein Wort zu uns reden.
Wir bitten dich: Mach uns bereit / zu öffnen dir Ohren und Herzen.

Es helf uns der Heilige Geist, / uns mutig zu dir zu bekennen.
Er schenke uns stets neue Kraft, / vor Menschen dein Heil zu bezeugen.

Herr, schenk uns den Geist des Gebets, / dass Ruhe wir finden und Klarheit. / Du führst uns auf unserem Weg. / Dein Wille geschehe auf Erden!

Herr, stärke unsern Glauben, wir leben im Glauben, wir schauen dich nicht!
Herr, lass uns deutlich spüren, dass du im Verborgenen nahe uns bist.

---

[22] = die irdische, gottentfremdete Welt.

„Christ ist erschienen, uns zu versühnen“ (Mt 2,1–12)

Am „Rande des Geschehens“ sitzt König Herodes mit sorgenvoller Miene auf seinem Thron, in der Rechten ein Schwert haltend, mit dem er seine Macht verteidigen zu müssen und zu können glaubt.

Neben Herodes sehen wir einen Hohepriester und einen Schriftgelehrten, die der König nach dem Geburtsort des Heilskönigs um Rat fragt. Auch sie blicken – dabei auf das in der Schriftrolle überlieferte Prophetenwort von der Geburt des Messias in Bethlehem weisend – mit ernster und keineswegs erfreuter Miene in eine ungewisse Zukunft: Sollte der vom Propheten Micha angekündigte Messiaskönig geboren worden sein? Stehen Unruhen im Volk bevor? Werden sich die unter der Herrschaft der heidnischen Römer leidenden Juden jetzt gegen die römische Vorherrschaft erheben? Wird es Blutvergießen geben? Fremde Herren aus dem Morgenland haben von der Geburt des Heilskönigs *vor ihnen* erfahren. Sollten sie – die Heiden – diesem Geschehen näher sein als sie, die Angehörigen des Gottesvolkes /der Kirche?

Eine breite leuchtende Straße führt nach Bethlehem: Wie der Schweif eines Kometen sieht diese in Rot und Gold gehaltene Straße aus, die zum Kind nach Bethlehem führt, aber über die Geburtsszene hinausgeht. Herodes, Hohepriester und Schriftgelehrte könnten die helle Straße durch die offene Tür des Königspalastes betreten, aber sie verharren in der dunklen Abgeschlossenheit des Königsschlosses, im kaltblauen Kreis der Finsternis (Joh 1,9–12).

Die Weisen aus dem Morgenland sehen der biblischen Geschichte entsprechend aufgeregt, ja hoch erfreut aus, als sie die Sternenerscheinung aus dem Morgenland erneut bestätigend über jener Stätte sehen, wo Christus geboren wurde (Mt 2,2 und V. 9). Sie haben Gaben für das königliche Kind in Händen. Der Weise am rechten Bildrand weist vom Fuß bis zur Hand auf das Kind hin, wie überhaupt die Bewegung von den Augen des linken Weisen über die Augen des mittleren und die Hand des rechten hin zur Geburtsszene ganz oben geht. Diese *Weisen „weisen"* uns den Weg zum Kind von Bethlehem.

Betrachten wir die Geburtsszene: Im Inneren einer schützenden Ummantelung (= Schutz Gottes) halten Maria und Josef ihre Arme schützend um das Kind, das der hellste Punkt des Bildes ist, das „Licht der Welt" (Joh 8,12). Das Kind hat die Arme – uns Menschen einladend – ausgebreitet (Mt 11,28–30). Gottes Schutz wird das Kind vor den Nachstellungen des Herodes bewahren. Doch Gott erspart seinem zur Versöhnung von Mensch und Gott in die Welt gesandten Sohn später Leiden und Kreuz nicht. Mit der Geburt Jesu hat ein gottgewollter Weg zur Rettung der Menschheit begonnen, der über die Geburtsszene hinausführt auf das Kreuz zu. Es ist bereits in dieses Bild in Form des in Kreuzform dargestellten Sternes von Bethlehem mit hineingenommen.

Ehre sei dem Vater jetzt und immerdar,
der in seinem Sohne bei uns Menschen war,
der in seinem Geiste unter uns ist heut,
Ehre sei dem Vater bis in Ewigkeit.

Ehre sei dem Sohne jetzt und immerdar,
der mit seiner Liebe Gott uns brachte nah,
der uns ruft zum Glauben, von der Angst[23] befreit.
Ehre sei dem Sohne bis in Ewigkeit.

Ehre sei dem Geiste jetzt und immerdar,
den uns Christus sendet, dass er wunderbar
schaff in unsern Herzen Hoffnung allezeit.
Ehre sei dem Geiste bis in Ewigkeit.

---

[23] = von der nicht bewussten, verdrängten Angst vor dem *allmächtigen* Gott.

Die Stillung des Sturms (Mt 8,23–27)

Wir beginnen die Bildbetrachtung mit den vier Menschen am unteren Bildrand. Mit ängstlichen Gesichtern schauen sie zu Christus auf. Sie stecken in einem Sumpf und drohen zu versinken. Sie können sich selber nicht helfen. Mit der einen Hand weisen sie Jesus auf ihre Not hin, mit der anderen flehen sie seine Hilfe herbei. Sie befinden sich in einem Kreis, von dem nur der obere Teil zu sehen ist. Wir sollen an den Erdkreis denken:

Unser Leben auf Erden ist von allerlei Ängsten begleitet. Jeder von uns kennt Situationen, wo er nicht weiterwusste, wo er Gott oder Christus um Hilfe anflehte, wo er allein nicht mehr fertig wurde. Die vier Menschen unten schauen auf die große Szene oben, in der die Geschichte von der Stillung des Sturms abgebildet ist. Matthäus hat sie in sein Evangelium aufgenommen, weil diese Begebenheit deutlich macht, was wir Menschen an Jesus haben.

Wir sehen *auf* das Boot, in dem sich Jesus und seine Jünger befinden. Eingerahmt ist das Schiff von einem schwarzen Rechteck, das aus schwarzen Wellen besteht, die das Schiff bedrohen (die „Welt“ [Joh 16,33]). Die eine Hand der Jünger weist auf die Bedrohung hin, die andere wendet sich Hilfe suchend an Jesus. Die ängstlichen Blicke der Jünger sind ihm ebenfalls zugewandt. Die sich Jesus entgegenstreckenden Hände der sieben Jünger bilden ein spitzes Dreieck, das auf Jesus gerichtet ist. Auch die Form des Bootes unterstreicht die Bedeutung Jesu. Die Linien des Bootes laufen am Kopf Jesu zusammen. Die ganze Bewegung des Bildes ist auf Jesus ausgerichtet, hat *ihm* doch Gott nach seiner Auferweckung „alle Gewalt gegeben im Himmel und auf Erden“ (Mt 28,18). Er hat einst seinen Jüngern in der Not beigestanden. Und er will auch unser Ansprechpartner in der Not sein – doch *nicht nur* in der Not. Die Christusgestalt schaut uns – die Betrachter des Bildes – an. Er ist für uns da „bis an das Ende der Welt“ (Mt 28,20).

Die Geschichte von der Sturmstillung bei Matthäus will sagen, dass Christus mächtiger ist als die Not, die Stürme des Lebens und die Wellenberge, die uns mitunter in die Tiefe zu reißen drohen. Hans Georg Anniès bringt das so zum Ausdruck, dass die Jesusgestalt die Notsituation durchbricht: Jesu Kopf überragt das finstere Rechteck der Bedrohung, während seine Hände das Rechteck teilen. Seine Hände sind schützend über die Jünger ausgebreitet und gebieten zugleich herrschaftlich Wind und Wellen Einhalt, d.h. dem, was uns Angst macht. Das Boot ist zwar von finsteren Wellen umgeben, aber nicht *eine* Welle schlägt über die Bordwand.

Mit der Geschichte von der Sturmstillung will uns Matthäus dazu bewegen, dem gekreuzigten und von Gott auferweckten Christus zu vertrauen – auch in

Zeiten der Bedrängnis, wenn er unsere Not nicht mitzubekommen scheint: „Er aber schlief" (Mt 8,24). Der Künstler Hans Georg Anniès hat die Verkündigungsabsicht des Matthäus so dargestellt, dass er unser Augenmerk ganz auf Christus lenkt, dem Gott „alle Macht im Himmel und auf Erden gegeben" hat. Darum dürfen wir Kleingläubigen ihm vertrauen, auch wenn unser persönliches Lebensschiff und auch das „Schiff der Kirche" gegenwärtig und in Zukunft vielleicht noch mehr von den Stürmen unserer Zeit arg bedrängt werden. Als das Schiff der Jünger zu sinken drohte, war Jesus mit im Boot (heller „Kreis des Heils" in der Bildmitte, der Jesus und die Jünger umschließt). Wenn *wir* bedrohliche Zeiten durchzustehen haben, ist er ebenfalls nicht fern, wie er versprochen hat: „Siehe, ich bin *bei euch alle Tage* [– und nicht nur in guten, problemlosen Zeiten –] bis an das Ende der Welt" (Mt 28,20).

Wer nur den lieben Gott lässt walten / und hoffet auf ihn allezeit,
den wird er wunderbar erhalten / in aller Not und Traurigkeit.
Wer Gott, dem Allerhöchsten, traut, / der hat auf keinen Sand gebaut.

Was helfen uns die schweren Sorgen, / was hilft uns unser Weh und
Ach? / Was hilft es, dass wir alle Morgen / beseufzen unser Ungemach?
Wir machen unser Kreuz und Leid / nur größer durch die Traurigkeit.

Man halte nur ein wenig stille / und sei doch in sich selbst vergnügt[24],
wie unsers Gottes Gnadenwille, / wie sein Allwissenheit es fügt; / Gott,
der uns sich hat auserwählt, / der weiß auch sehr wohl, was uns fehlt.

Denk nicht in deiner Drangsalshitze, / dass du von Gott verlassen seist
und dass ihm der im Schoße sitze, / der sich mit stetem Glücke speist.
Die Folgezeit verändert viel / und setzet jeglichem sein Ziel[25].

Sing, bet und geh auf Gottes Wegen, / verricht das Deine nur getreu
und trau des Himmels reichem Segen, / so wird er bei dir werden neu.
Denn welcher seine Zuversicht / auf Gott setzt, den verlässt er nicht.[26]

---

[24] = gelassen.

[25] = seine Grenzen, sein Ende.

[26] EG 369: „Wer nur den lieben Gott lasst walten" von Georg Neumark (1641).

„Herr, hilf mir!“ (Mt 14,30)

Mt 14,22–33: »Und alsbald trieb Jesus seine Jünger, in das Boot zu steigen und vor ihm hinüberzufahren, bis er das Volk gehen ließe. Und als er das Volk hatte gehen lassen, stieg er allein auf einen Berg, um zu beten. Und am Abend war er dort allein. Und das Boot war schon weit vom Land entfernt und kam in Not durch die Wellen; denn der Wind stand ihm entgegen. Gegen Ende der Nacht kam Jesus zu ihnen und ging auf dem See. Und als ihn die Jünger sahen auf dem See gehen, erschraken sie und riefen: ‚Es ist ein Gespenst!' und schrien vor Furcht. Aber sogleich redete Jesus mit ihnen und sprach: ‚Seid getrost, ich bin's; fürchtet euch nicht!' Petrus aber antwortete ihm und sprach: ‚Herr, bist du es, so befiehl mir, zu dir zu kommen auf dem Wasser.' Und er sprach: ‚Komm her!' Und Petrus stieg aus dem Boot und ging auf dem Wasser und kam auf Jesus zu. Als er aber den starken Wind sah, erschrak er und begann zu sinken und schrie: ***‚Herr, hilf mir!'*** Jesus aber streckte sogleich die Hand aus und ergriff ihn und sprach zu ihm: ‚Du Kleingläubiger, warum hast du gezweifelt?' Und sie traten in das Boot, und der Wind legte sich. Die aber im Boot waren, fielen vor ihm nieder und sprachen: ‚Du bist wahrhaftig Gottes Sohn!'«

Die Grafik zeigt den sinkenden Petrus, der sich mit den Worten „Herr, hilf mir!“ an Jesus klammert (Mt 14,28-31). Hans Georg Anniès hat allerdings den an seinen Nägelmalen zu erkennenden, von Gott *auferweckten Christus* dargestellt, der bei uns ist „alle Tage bis an das Ende der Welt“ (Mt 28,20). Mit den Worten „Herr, hilf mir!“ haben durch die Jahrtausende hindurch unzählige Juden ihren Gott und unzählige Christen ihren von Gott auferweckten Herrn Jesus Christus um Hilfe angefleht. Auch *wir* dürfen uns in Zeiten, wo uns „das Wasser bis zum Halse steht“, in Zeiten von „Kleinglauben“ (Mt 14,31), Angst und Zweifel an den *halten*, der unsere Not wenden kann. „Was Jesus für mich ist? Einer, der für mich ist! Was ich von Jesus halte? Dass er mich hält!“ (Lothar Zenetti)[27].

HERR, wie lange willst du mich so ganz vergessen?
Wie lange verbirgst du dein Antlitz vor mir?
Wie lange soll ich sorgen in meiner Seele
und mich ängsten in meinem Herzen täglich?
Wie lange soll sich mein Feind über mich erheben?
Schaue doch und erhöre mich, HERR, mein Gott!
Erleuchte meine Augen, dass ich nicht im Tode entschlafe,
dass nicht mein Feind sich rühme,
er sei meiner mächtig geworden,
und meine Widersacher sich freuen, dass ich wanke.
Ich aber traue darauf, dass du so gnädig bist;
mein Herz freut sich, dass du so gerne hilfst.
Ich will dem HERRN singen,
dass er so wohl an mir tut. Amen.[28]

---

[27] Aus: Lothar Zenetti, Auf Seiner Spur. Texte gläubiger Zuversicht, © Matthias-Grünewald-Verlag der Schwabenverlag AG, Ostfildern 2011 < www.verlagsgruppe-patmos.de>.

[28] Psalm 13.

Das Gleichnis von den klugen und törichten Jungfrauen (Mt 25,1–13)

Hans Georg Anniès legt uns das Gleichnis von den fünf klugen und fünf törichten Jungfrauen aus: Im Mittelpunkt der Grafik (s. Seite 52) befindet sich eine viereckige Tafel, auf der die klugen und törichten Jungfrauen abgebildet sind. Die klugen Jungfrauen tragen weiße Oberkleider. Sie gehen aufrecht und bewegen sich auf den Bräutigam – Christus (linke Bildhälfte oben) – zu. Ihr Gesichtsausdruck ist fröhlich. Ihre Lampen brennen sichtbar.

Unterhalb von ihnen sehen wir die fünf törichten Jungfrauen: Sie tragen schwarze Oberkleider. Ihr Gesichtsausdruck ist bekümmert, ihre Köpfe sind gebeugt. Ihre Füße sind nicht zu sehen, d.h. sie sind in der Welt versunken und dem irdischen Leben gänzlich verhaftet. Die Lampen in ihrer rechten Hand sind leer; sie haben sich auf das Kommen des Bräutigams nicht vorbereitet. Die Bewegung der fünf törichten Jungfrauen führt von Christus weg. Wie andere Texte und Gleichnisse des Neuen Testaments, so warnt auch dieses Gleichnis vor einem „zu spät“: „Später kamen auch die andern Jungfrauen und sprachen: Herr, Herr, tu uns auf! Er antwortete aber und sprach: Wahrlich, ich sage euch: Ich kenne euch nicht“ (Mt 25,11–12).

Die zehn Jungfrauen sind von einem Zifferblatt umgeben, das an den letzten Vers von diesem Gleichnis erinnert: „Darum wacht! Denn ihr wisst weder Tag noch Stunde“ (Mt 25,13).

Die viereckige Tafel mit der Darstellung der Jungfrauen ist mit einem kräftigen Pfahl wie ein Warnschild in die Erde gerammt. Rechts und links davon sind fünf Menschen zu sehen, deren einer Arm auf die Tafel mit den Jungfrauen hinweist, während der andere Arm eine einladende Geste macht. Der Blick ihrer Augen geht über den Bildrand hinaus, in die Ferne, hin zu unzähligen Menschen, die sie auf das Gleichnis von den zehn Jungfrauen aufmerksam machen wollen. *Zwei* dieser Menschen, die sie durch die Aussagen des Gleichnisses wachrütteln möchten, sind am unteren Bildrand ganz außen rechts und links abgebildet. Auch ihre Füße sind in der Welt versunken, d.h. auch sie sind dem irdischen Leben ganz verhaftet. Die verschränkte Haltung ihrer Arme, die skeptische Neigung ihrer Köpfe, das überlegene, spöttische Lächeln auf ihren Gesichtern und die Tatsache, dass sie den christlichen Zeugen unter der Tafel wie auch dem erhöhten Christus in der oberen Bildhälfte den Rücken kehren – alle diese Züge charakterisieren ihre – wie es scheint – unerschütterliche Selbstsicherheit. Ihre Augen sind geschlossen, d.h. sie sind geistlich blind (z.B.

Joh 9,39–41). Es wird deutlich, dass sie der aufrüttelnden und zugleich einladenden Worte der Christen bedürfen, die sie in die Gemeinschaft des erhöhten, einst zum Gericht erscheinenden Christus einladen.

Die Grafik ist zweigeteilt in eine vordergründige untere Hälfte (Gegenwart) und eine hintergründige obere Hälfte (goldene Farbe des Reiches Gottes). Beide Hälften sind durch das Warnschild mit dem Gleichnis von den klugen und törichten Jungfrauen miteinander verbunden. Die große goldgelbe Fläche der oberen Bildhälfte erinnert der Form nach an ein weites, offenes Tor mit Türpfosten an beiden Seiten. Durch das Tor sieht man in das Reich Gottes hinein, das von der ewigen Sonne der Liebe Gottes (goldgelbe Farbe) durchflutet wird (vgl. Offb 22,5). „Zur Rechten" der Sonne (Gottes) steht der erhöhte Christus.

Nur wenig hebt sich die Christusgestalt vom goldgelben Hintergrund des Lichtes der Liebe Gottes ab (vgl. Offb 21,23), ist Christus selber doch die Liebe Gottes in Person: „Ist Gott für uns, wer kann wider uns sein? Der auch seinen eigenen Sohn nicht verschont hat, sondern hat ihn für uns alle dahingegeben – wie sollte er uns mit ihm nicht alles schenken? Wer will die Auserwählten Gottes beschuldigen? Gott ist hier, der gerecht macht. Wer will verdammen? Christus Jesus ist hier, der gestorben ist, ja vielmehr, der auch auferweckt ist, der zur Rechten Gottes ist und uns vertritt" (Röm 8,31–34). Deutlich hat Anniès die Nägelmale in die Christusgestalt eingezeichnet, die an Jesu Kreuzestod für uns erinnern: „Denn Gott hat uns nicht bestimmt zum Zorn, sondern dazu, das Heil zu erlangen durch unsern Herrn Jesus Christus, der für uns gestorben ist, damit, ob wir wachen oder schlafen, wir zugleich mit ihm leben" (1. Thess 5,9–10).

Mit freundlich-ernstem Blick schaut Christus uns – die Betrachter des Bildes – an. Die Haltung seines linken Armes drückt ein Doppeltes aus: Zum einen lädt Christus uns in das Reich Gottes ein. Zum anderen weist er uns auf das Warnschild mit dem Gleichnis von den zehn Jungfrauen hin. Beides gehört zusammen. Wir sollen unseren Glauben ernst nehmen und pflegen. Überhebliche Selbstsicherheit, wie sie die beiden Menschen im Vordergrund des unteren Bildrandes demonstrieren, sollte nicht unsere Sache sein. Unser Vertrauen setzen wir auf den für uns gestorbenen und von Gott auferweckten Christus. Gleichgültigkeit in Glaubensangelegenheiten, wie sie die fünf Jungfrauen praktizierten, die kein Öl für ihre Lampen mitnahmen, kann ebenfalls nicht unsere Sache sein. Wir verlieren uns nicht an dieses irdische Leben, sondern wir leben in der Gemeinschaft mit dem verborgen gegenwärtigen, einst sich offenbarenden Christus, indem wir auf sein Wort hören und durch unser Gebet mit ihm verbunden bleiben. Wie die fünf Menschen vor dem Warnschild sollen wir als Christen zusammenstehen und anderen Menschen bezeugen, was wir von Christus vernommen und verstanden haben.

Zum Schluss noch ein weiterer, wichtiger Zug der Grafik: Die Sonne der Liebe Gottes strahlt wellenförmig auf das ganze Bild aus – von Gottes Ewigkeit her in unsere irdische Gegenwart hinein. Die Hintergrundfarbe hinter den klugen und törichten Jungfrauen innerhalb des Zifferblatts ist goldgelb; denn die Aussage von der Annahme der klugen und der Ablehnung der törichten Jungfrauen durch den Bräutigam steht nicht im Widerspruch zur Liebe Gottes. Vielmehr lädt das Gleichnis uns Menschen mit Nachdruck dazu ein, uns der Liebe Gottes zu öffnen und nicht zu verschließen, damit wir „nicht verloren werden, sondern das ewige Leben haben" (Joh 3,16b). Die fünf Zeugen vor dem Warnschild sind vom Licht der Liebe Gottes erfasst (goldgelbe Farbe ihrer Gesichter und Gewänder). Auch die beiden sich erhaben fühlenden Menschen am unteren Bildrand werden zum einen von den Strahlen der Liebe Gottes getroffen, zum anderen ist ihr ansonsten dunkles Gewand von einem goldgelben Farbstreifen durchzogen: Sie haben die Botschaft des Gleichnisses von den klugen und törichten Jungfrauen vernommen. Wie werden sie darauf reagieren? Werden sie ihre ablehnende, selbstsichere Lebensart aufgeben und sich den Zeugen Jesu Christi, ja Christus selber zuwenden?

Ehre sei dem Vater,
der uns ruft zum Leben.
Ehre sei dem Sohne,
der sich uns gegeben.
Ehre sei dem Geiste.
Höre unsre Bitte:
Auf den Weg des Lebens
lenke unsre Schritte.
Führ uns durch die Zeit
In die Ewigkeit.

Christus für uns: Triptychon zu Passion und Ostern (Mt 26 – 27 / Lk 24,13–35)

Hans Georg Anniès hat das Geschehen von Jesu Passion, Kreuzigung und seiner Auferweckung durch Gott in Form eines Triptychons wiedergegeben, also eines dreiteiligen Altarbilds, bei dem der Mittelteil zentrale Bedeutung hat. Das Triptychon entstand in „Bohrtechnik“: Alles, was in den Grafiken in weißer Farbe erscheint, ist aus einer Spanplatte herausgebohrt worden. Beim Druck bleiben die Löcher weiß.

Gefangennahme Jesu: Von dem Hintergrund einer dunklen Gruppe von vier Gestalten – bei genauerem Hinsehen erkennt man „Schwerter und Stangen“ (Mt 26,47), die sie mit sich führen – hebt sich eine lichte Christusgestalt ab. Im Unterschied zu den Menschen, die ihn gefangen nehmen, ist Christus nackt dargestellt wie die Menschen im Garten Eden vor dem Sündenfall (1. Mose 2,25). Hans Georg Anniès stellt den leidenden, gekreuzigten und dann von Gott auferweckten Christus als den „zweiten Adam“ dar, dessen Erlösungswerk in seinem unbedingten Gehorsam Gott gegenüber gründet (1.Kor 15,20–22). Die Haltung Christi – sein nach oben (= zu Gott) gerichteter Blick, die überlangen Arme und die übergroßen, nach außen gekehrten Handflächen – diese Haltung Christi entspricht ganz seinem Gehorsam gegenüber Gottes Willen (Mt 26,39.42.44), seiner Hingabe „in die Hände der Sünder“ (Mt 26,45).

Kreuzigung Jesu: Bild 2 zeigt den gekreuzigten, mit Dornen gekrönten Christus vor dem Hintergrund einer Anzahl dunkler Gestalten, die hier nicht nur für die bei seiner Kreuzigung anwesenden Menschen stehen (Mt 27,39–44), sondern für alle Menschen, für deren Sünde und Gottesferne (= „Finsternis" [Joh 1,4–5]) Christus sein Leben hingegeben hat. Die Gestik der Arme und Hände Jesu bringt seine Hingabe zum Ausdruck. Doch sagt die Haltung der Arme noch mehr aus. Sie sind nicht ausgestreckt, wie es die Arme des am Kreuz hängenden Christus sein müssten, sondern sie umfassen die dunklen Gestalten im Hintergrund. Christus umfängt uns Sünder am Kreuz mit seiner Liebe. Ins Auge fällt auch die überdimensionale Dornenkrone, die an einen Stern erinnert, dessen Licht die (hinter Christus stehenden) Menschen erfasst. Anniès bringt mit diesen Zügen den biblischen Gedanken zum Ausdruck, dass das Kreuz *das* Zeichen der Liebe Gottes und Christi zu uns Menschen ist: „Darin besteht die Liebe: nicht dass wir Gott geliebt haben, sondern dass er uns geliebt hat und gesandt seinen Sohn zur Versöhnung für unsre Sünden" (1.Joh 4,10). „Ich bin der gute Hirte. Der gute Hirte lässt sein Leben für die Schafe" (Joh 10,11).

Christus und die Emmausjünger: Das dritte Bild führt uns die beiden Jünger von Emmaus gleich zweimal vor Augen. In der rechten Bildhälfte sehen wir sie hinter der lichten Christusgestalt in unbeweglicher Haltung – man beachte die Füße –, in Trauer um Jesus und Hoffnungslosigkeit erstarrt (Lk 24, 21a). In dieser Haltung repräsentieren sie die vor der Vergänglichkeit kapitulierende Überzeugung „Mit dem Tode ist alles aus". Der an seinen Kreuzigungsmalen erkennbare, von Gott auferweckte Christus begegnet den Jüngern nach der Emmausgeschichte, um sich ihnen zu offenbaren und sie aus ihrer resignativen Erstarrung zu befreien. Im Bild ausgedrückt: Die durch Hoffnungslosigkeit gelähmten Jünger bleiben *hinter* dem Christus. Er reißt sie aus ihrer Erstarrung heraus und bringt sie in Bewegung, hin zur Erkenntnis der Überwindung des Todes durch Gott, hin zur

Erfahrung seiner Auferstehung. Darum hat Hans Georg Anniès die Emmausjünger noch einmal abgebildet, umfangen von den weiten Armen Christi, die sie gewissermaßen zur Herberge – zur Erkenntnis des Auferstandenen – „schieben“. So sehen wir links von Jesus die beiden Jünger in Bewegung, wie die Haltung der Füße erkennen lässt. Das Gespräch über das Zeugnis der Bibel vom Leiden und vom neuen Leben des Christus (Lk 24,25–27) bereitet sie auf die Offenbarung des Auferstandenen beim Abendmahl in der Herberge vor (Lk 24,30–32). Die Erfahrung des von Gott auferweckten Christus hält sie weiterhin in Bewegung. Sie kehren nach Jerusalem zurück und bezeugen, was sie erlebt haben (Lk 24,33–35).

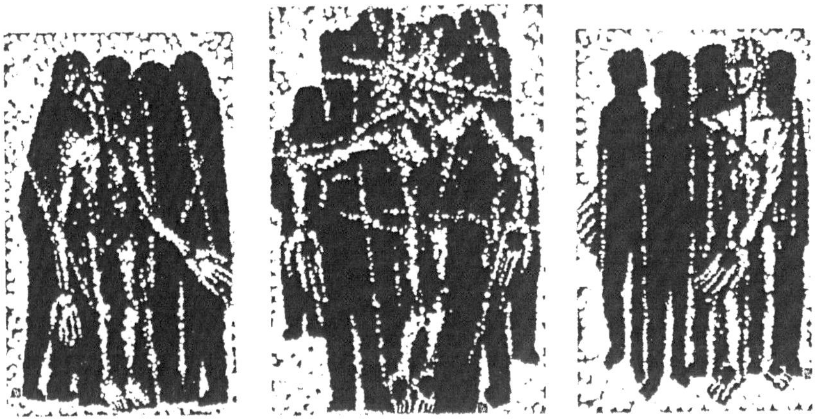

Die Gesamtansicht des Triptychons: In der Mitte des Triptychons steht das Kreuz, Zeichen der Menschenliebe Gottes und Christi. Die Arme Christi sind auch zu uns Betrachtern des Bildes hin offen: Christus lädt uns ein, seine Lebenshingabe für uns persönlich anzunehmen und der Liebe Gottes zu vertrauen. Die Arme der Christusgestalt des linken und rechten Bildes ergeben, wenn man die Linie verlängert, einen Bogen: Passion und Auferstehung Jesu gehören untrennbar zusammen. Die Bewegung des Bogens verläuft von links nach rechts: Das linke Bild stellt die Hingabe Jesu an den Willen Gottes dar. Das mittlere Bild zeigt uns den Gekreuzigten, der sein Leben für uns hingibt. Das rechte Bild bringt den Willen des von Gott auferweckten Christus zum Ausdruck, Menschen dazu zu bewegen, ihre Hoffnung auf sein Kreuz und seine Auferweckung durch Gott zu setzen, die uns zugute geschahen (vgl. Röm 4,25; 8,38–39; 1. Kor 15,20).

Wir danken dir, Herr Jesu Christ,
dass du für uns gestorben bist
und hast uns durch dein teures Blut
gemacht vor Gott gerecht und gut,

und bitten dich, wahr' Mensch und Gott,
durch dein heilig fünf Wunden rot:
erlös uns von dem ewgen Tod
und tröst uns in der letzten Not.

Behüt uns auch vor Sünd und Schand
und reich uns dein allmächtig Hand,
dass wir im Kreuz geduldig sein,
uns trösten deiner schweren Pein

und schöpfen draus die Zuversicht,
dass du uns wirst verlassen nicht,
sondern ganz treulich bei uns stehn,
dass wir durchs Kreuz ins Leben gehn.[29]

---

[29] EG 79: „Wir danken dir, Herr Jesu Christ" von Christoph Fischer (vor 1568).

„Siehe ich bin bei euch“ (Mt 28,16–20 / Lk 24,50–52)

Die Gestalt des auferweckten, an seinen Nägelmalen erkennbaren Christus dominiert die Grafik. Die Haltung der Arme erinnert an seine Kreuzigung und zugleich daran, dass er seine Jünger beim Abschied segnete (Lk 24,50–51). Die Jünger knien vor dem von Gott Auferweckten anbetend nieder (Lk 24,52; Mt 28,17). Eine angedeutete Krone wie auch das lichte Aussehen Jesu stellen ihn als den dar, dem Gott „alle Gewalt im Himmel und auf Erden" gab (Mt 28,18): „Jesus Christus herrscht als König" (EG 123,1).

Der Hintergrund des Bildes ist dunkel. Die Christusgestalt ist nicht nur ganz licht, sondern sie ist auch von einem hellen, ovalen Schein umgeben, der wie die Flamme einer Kerze aussieht: Jesus ist als „Licht der Welt" (Joh 8,12) in die Menschenwelt gekommen, und er will als der Auferstandene und von Gott Bevollmächtigte weltweit das „Licht der Menschen" (Joh 1,4) sein. Darum sendet er seine Jünger aus, „alle Völker" mit dem, was sie von ihm gelernt und verstanden haben, in die Gemeinschaft des dreieinigen Gottes zu rufen (Mt 28,19–20).

Die „Welt" ist in Form einer angedeuteten Weltkugel im Bild präsent. Die Jünger befinden sich „in[nerhalb] der Welt" (Joh 1,10; 16,33), während Christus, der Herr über „Himmel und Erde", weit über die Welt hinausragt. Doch wurde die „Finsternis der Welt" (Joh 1,5.9) durch den gekreuzigten und auferstandenen Christus „überwunden" (Joh 16,33): Er selber steht „in der Welt"; das von ihm ausgehende Licht hat die – ansonsten farblich so dunkel wie die Welt gehaltene – Jüngergruppe bereits erfasst: Sie sind zwar noch „in der Welt" (Joh 17,11), aber nicht „von der Welt" (Joh 17,14–16), d.h. sie sind nicht mehr in der Finsternis der Gottesferne (Joh 3,19; 8,12). Zwischen dem auferweckten, erhöhten Christus und den Jüngern besteht eine Distanz (schwarze Umrandung der Jünger): die Kluft zwischen der irdischen, vergänglichen Welt der Jünger und der ewigen Welt Gottes, der der auferweckte Jesus angehört (vgl. Lk 16,26). Und dennoch können die Jünger weiterhin Gemeinschaft mit Christus haben: Im Gebet (Haltung der Jünger) etwa dürfen sie und alle Christen erfahren, dass er „bei uns ist alle Tage bis an das Ende der Welt" (Mt 28,20) – wie Gott selber.

Jesus Christus herrscht als König, / alles wird ihm untertänig,
alles legt ihm Gott zu Fuß. / Aller Zunge soll bekennen,
Jesus sei der Herr zu nennen, / dem man Ehre geben muss.

Nur in ihm, o Wundergaben, / können wir Erlösung haben,
die Erlösung durch sein Blut. / Hört's: das Leben ist erschienen,
und ein ewiges Versühnen / kommt in Jesus uns zugut.

Ich auch auf der tiefsten Stufen, / ich will glauben, reden, rufen,
ob ich schon noch Pilgrim[30] bin: / Jesus Christus herrscht als König,
alles sei ihm untertänig; / ehret, liebet, lobet ihn![31]

---

[30] Vgl. 2. Kor 5,7.

[31] EG 123: „Jesus Christus herrscht als König" von Philipp Fr. Hiller (1755).

„Geht hin in alle Welt“ (Mt 28,18–20)

Die Grafik wird vom **J**ota-**Chi**-Zeichen – den in eins gesetzten Anfangsbuchstaben des griechisch geschriebenen Namens „**J**esus **Ch**ristus“ beherrscht:

I + X = ✱

In dieses Zeichen eingewoben ist die Gestalt Christi; die Nägelmale erinnern an seine Kreuzigung. Eigentlich ist der erhöhte Christus, dem Gott „alle Gewalt im Himmel und auf Erden gegeben“ hat (Mt 28,18b), nicht darstellbar. Darum hat Anniès die durch die Nägelmale erkennbare Christusgestalt nur wenig vom wesentlich größeren Jota-Chi-Zeichen abgehoben, das für den zu Gott Erhöhten steht. – „Mir ist gegeben alle Gewalt im Himmel und auf Erden“ (Mt 28,18b): Der Ausdruck „Himmel und Erde“ wird in der Bibel gern als Bezeichnung für das von Gott geschaffene All, das Universum verwendet (z.B. 1. Mose 1,1; 14,19; Ps 89,12; Mt 5,18; 24,35; Eph 1,10; Phil 2,10; Offb 21,1), zu dem die Erde gehört. Die Erde begegnet in der Grafik als kleine Kugel zwischen den Füßen Christi, während der große Kreis – er ist *kleiner* als das Jota-Chi-Zeichen – das All repräsentiert, dessen Herrscher der erhöhte Christus ist (Eph 1,20–21; Phil 2,9–11; Kol 2,9–10).

Wie das Jota-Chi-Zeichen das Bild prägt, so geht alle Bewegung in der Grafik von Christus aus. *Er* erteilt ja seinen Jüngern den Auftrag zur Verkündigung des Evangeliums. Entsprechend gehen vier unterschiedlich große Jüngergruppen – insgesamt sind zwölf Jünger dargestellt (Mt 10,1–2; Apg 1,21–26) – in alle vier Himmelsrichtungen, d.h. „in alle Welt“ (vgl. Jes 11,12; Offb 7,1). Die Bewegung zweier Ellipsen wie auch die Haltung der Arme der Jünger unterstreichen die Dynamik, also die Kraft und den Schwung ihres missionarischen Wirkens. Innerhalb der Ellipsen erkennt man Kirchen mit großen Glocken: Laut und vernehmlich sollen die Menschen auf das Evangelium aufmerksam und nach dem Willen Christi „zu Jüngern“ gemacht werden (Mt 28,19a). Das Evangelium ist in zwei Kirchen als aufgeschlagenes Buch (Bibel) zu sehen, in dem die „Lehre“ Jesu überliefert ist (Mt 28,20a). *Drei* Taufsteine in den Kirchen weisen auf den Auftrag der Jünger hin, die Menschen durch die Taufe auf den Namen des *drei*einigen Gottes in die Gemeinschaft der Kirche des zu Gott erhöhten Christus aufzunehmen.

Christus beauftragt die Jünger – uns Christen – zu diesem Dienst. Darum hat Hans Georg Anniès Christus und die verkündigenden Menschen farblich gleich gestaltet (schwarz und goldgelb); allerdings unterscheidet Anniès zwischen dem erhöhten Christus – bei ihm überwiegt das Gold, die Farbe Gottes – und den irdischen Jüngern, die gleichermaßen mit den Farben Gold und

Schwarz ins Bild gesetzt sind. Dass die vielfach geschmähte, doch auch keineswegs immer zu Unrecht kritisierte Kirche von Christus bevollmächtigt ist, alle Menschen „zu Jüngern zu machen“ (Mt 28,19a), bringt Anniès auch dadurch zum Ausdruck, dass er den *Leib Christi* als Kirchturm (= Kirche) darstellt, dessen Spitze auf das *Haupt Christi* weist, ist Christus nach Eph 4,15–16 doch das „Haupt“ des „Leibes“ (= seiner Kirche).

Wie in vielen Grafiken von Hans Georg Anniès, so werden wir Betrachter auch in diese Darstellung mit einbezogen: Der untere Teil des Jota-Chi-Zeichens trifft auf uns wie Strahlen: Das Wirken Christi durch seine Kirche gilt auch uns. Christus schaut uns mit freundlichem Ernst an. Seine Arme sind zur Segensgebärde erhoben. Er segnet das missionarische Wirken der Jünger (= seiner Kirche). Seine segnenden Arme sind besonders eindrücklich auch uns zugewandt. Wir sollen uns dem Ruf des zu Gott erhöhten Christus nicht verschließen, der an uns durch seine Jünger – die Kirche – ergeht (Lk 10,16). Entsprechend wenden sich auch zwei Jünger mit ihren Blicken und der einladend auf das Evangelium aufmerksam machenden Bewegung ihrer Arme in direkter Weise an uns, die wir uns mit dieser Grafik beschäftigen. Durch Christus *und* die Christen erfüllt Gott die Abrahamsverheißung (1. Mose 12,3), bekommen wir Anteil am Segen der Gemeinschaft mit Gott in der Kirche Jesu Christi.

Die Segensgebärde Christi, der im Verborgenen „alle Tage bei uns ist“ (Mt 28,20b), erinnert nicht nur an den Segen, der „allen Geschlechtern auf Erden“ (1. Mose 12,3), d.h. „allen Völkern“ (Mt 28,19a) gilt, sondern auch daran, dass dieser Segen nach Gottes Willen weitergegeben werden soll: „Ich will dich segnen ..., und du sollst ein Segen sein“ (1. Mose 12,2). Wenn wir durch das Wirken des zu Gott erhöhten Christus in die Gemeinschaft Gottes und seiner Kinder – der Kirche – gefunden haben, dann sind auch *wir* berufen, den empfangenen Segen weiterzugeben und wie die Menschen auf dem Bild das Evangelium von Jesu Kreuzigung, Auferweckung und Erhöhung „für uns“ (Röm 4,25) den Menschen unserer Umwelt weiterzusagen.[32] Denn auch sie will Christus von der Gottlosigkeit erlösen und in Gottes Gemeinschaft retten; schon jetzt jetzt und bis in die Ewigkeit: „Denn es ist *ein* Gott und *ein* Mittler zwischen Gott und den Menschen, nämlich der Mensch Christus Jesus, der sich selbst gegeben hat für alle zur Erlösung, dass dies zu seiner Zeit gepredigt werde“ (1.Tim 2,5–6).

---

[32] Es steht in Mt 28,18–20 nicht geschrieben, dass Jesu Verkündigungsauftrag auf die Pfarrerschaft und auf Lektoren und Prädikanten beschränkt ist.

Herr, segne und behüte uns,
hilf uns in unserm Leben.
Du bist verborgen bei uns Herr,
lass uns darauf vertrauen.

Du hast das Leben uns geschenkt, Herr, unser Gott.
Du gibst uns Nahrung, Herr, du segnest unsern Alltag.
Du hast zu Kindern uns gemacht, weil du uns liebst.
Du schenkst uns Hoffnung, Herr, für uns und für die Andern.

Du bist das Licht der Welt, Herr Christus, unser Gott.
Mach uns bereit, dein Licht in diese Welt zu bringen.
Schenk deiner Menschheit Hoffnung, Herr, durch unser Tun,
durch unsre Worte und durch unsre Tat der Liebe.

Du schenkst uns Glaube, Hoffnung, Liebe, Heil'ger Geist.
Wir bitten dich: Führ doch zur Einheit deine Kirche.
Mach deine Kirche, Herr, zum Segen für die Welt,
dass jeder Mensch zu Gott, dem Vater, wiederkehre.

Herr, segne und behüte uns,
hilf uns in unserm Leben.
Du bist verborgen bei uns Herr,
lass uns darauf vertrauen.

Die Heilung des Gelähmten (Mk 2,1–12)

Drei Formen prägen das Bild: Ein dunkles *Rechteck* stellt das Haus dar, in dem Jesus lehrt; zugleich symbolisiert es die Enge des *irdischen* Lebens („vier Enden der Erde“: z.B. Offb 20,8). In diesem Rechteck befinden sich „am Rande“ die

Schriftgelehrten, die von Gesicht und Handhaltung her als Jesus total Ablehnende dargestellt sind. In dieser Haltung sind sie von einem hellen Kreis ausgeschlossen, der Jesus und den geheilten Gelähmten umgibt. Er symbolisiert den Raum des Heils, das mit Jesus in die Welt kam. Die Form des Kreises ist ein Symbol für Vollkommenheit und Ganzheit: Jesus hat den Gelähmten nicht nur von seinem körperlichen Gebrechen, sondern auch von seiner Sünde (Gottesferne) geheilt. Der Liebes*kreis* seiner Arme umschließt den geheilten Gelähmten, dem er Gottes Liebe ganzheitlich zuteil werden ließ.

Auf dem Dach sind jene Menschen abgebildet, die den Gelähmten zu Jesus brachten. Die eine Hand hält noch die Liege, auf der ihr gelähmter Freund lag, die andere Hand ist zum Jubel über das Heil erhoben, das ihrem Freund durch Jesus widerfuhr. Die vier Menschen am unteren Bildrand lassen sich von dem Geschehen, das in Mk 2,1–12 berichtet wird, ebenfalls bewegen. Sie nehmen das in ihrer Mitte stehende Wort Jesu an den Gelähmten „Und nun gehe" (Mk 2,11) auf ihre Weise ernst und gehen hin, Gott preisend weiterzugeben, was sie mit Jesus erlebt haben (Handhaltung).

Als dritte, die gesamte Grafik prägende Form fällt ein spitzes *Dreieck* auf, das in grüner Farbe (Leben/Hoffnung) wiedergegeben ist. Die Spitze des Dreiecks zeigt „nach oben": Jesu ganzheitliche Heilung des Gelähmten weist auf Gott hin, dessen Reich in Jesu Wirken anbricht. Das Dreieck durchbricht das dunkle Rechteck: die Enge dieser Welt und die Gebundenheit an sie wird von Gottes Reich durchbrochen.

> Jesus ist kommen, Grund ewiger Freude; / A und O, Anfang und Ende steht da. / Gottheit und Menschheit vereinen sich beide; / Schöpfer, wie kommst du uns Menschen so nah! / Himmel und Erde, erzählet's den Heiden: / Jesus ist kommen, Grund ewiger Freuden.
>
> Jesus ist kommen, nun springen die Bande, / Stricke des Todes, die reißen entzwei. / Unser Durchbrecher ist nunmehr vorhanden; / er, der Sohn Gottes, der machet recht frei, / bringet zu Ehren aus Sünde und Schande; / Jesus ist kommen, nun springen die Bande.
>
> Jesus ist kommen, der König der Ehren; / Himmel und Erde, rühmt seine Gewalt! / Dieser Beherrscher kann Herzen bekehren; / öffnet ihm Tore und Türen fein bald! / Denkt doch, er will euch die Krone (des ewigen Lebens) gewähren. / Jesus ist kommen, der König der Ehren.[33]

---

[33] EG 66: „Jesus ist kommen" von Johann Ludwig Konrad Allendorf (1736).

Das Gleichnis vom Sämann (Mk 4,1–9.13–20)

Im Mittelpunkt des Bildes steht Jesus, der „Sämann“ des Wortes. In seiner linken Hand hält er anstelle des Tuchs, in dem die Samenkörner liegen, eine Bildtafel mit einer Darstellung des Gleichnisses vom Sämann. Zu sehen sind Vögel und Weg, Steine und Büsche, aber auch fruchtbare Ähren, auf die die rechte Hand des Sämanns in der Bildtafel weist. Damit wird bereits die positive Aussage des Gesamtbilds deutlich: Der Künstler will nicht den Misserfolg der Verkündigung, sondern die Frucht des „ausgesäten“ Wortes thematisieren. Dem entspricht es, dass auf dem Gesamtbild *vier* am unteren Bildrand sitzenden Menschen, die sich dem Wort Jesu verschließen, *acht* Hörer gegenüberstehen.

Die viereckige Form der Tafel und die Position der vier Menschenpaare lässt an die „vier Enden der Erde“ (Offb 20,8) denken, wie auch der helle Kreis innerhalb der Tafel an die Erdkugel erinnert: Gottes und Jesu Wort gilt „aller Welt“ (Mk 16,15; Mt 28,18–20). Jesus blickt uns, die Betrachter dieses Bildes, an. Sein Wort gilt auch uns. Der rechte Arm Jesu ist in aussäender, doch zugleich auch in einer uns Betrachtende einladenden Gebärde gestaltet.

Anniès betont mit seiner Darstellung die Kraft des Wortes. Wie ein ins Wasser geworfener Stein Wellen verursacht, so breitet sich Jesu Wort in der Welt aus. Oder anders gedeutet: Wie ein Licht in der Finsternis scheint, so breitet sich das Licht des Wortes Gottes durch Christus, das „Licht der Welt“ (Joh 8,12), in der Welt aus: „Dein Wort ist meines Fußes Leuchte und ein Licht auf meinem Wege“ (Ps 119,105). Das Licht *Gottes* und seines Wortes ist mit dem angedeuteten hellen Kreis über der Christusgestalt ins Bild gesetzt.

Acht Hörer und Täter des Wortes sind um den Sämann gruppiert: Die Haltung der Köpfe und die an die Ohren gelegten Hände unterstreichen, dass *Hören* kein passives Geschehen, sondern ein aktives Tun ist. Die Hörer stehen nicht, sondern sie gehen: Das Wort Gottes hat sie „in Bewegung gebracht“: Sie sind „Täter des Worts und nicht Hörer allein“ (Jak 1,22; Mt 7,26).

Am unteren Bildrand sind vier Menschen abgebildet, die sich gegenüber Jesu Wort verschließen. Ihre Ablehnung ist nicht Schicksal, sondern aktives Tun: Sie halten sich die Ohren zu. Der sie umschließende Halbkreis bringt zum Ausdruck, dass die Ausstrahlung von Jesu Wort sie in ihrer ablehnenden Haltung nicht erreichen kann. Sie schließen sich selber von dem Heil aus, das mit Jesu Wirken und Wort in die Welt kam.

Jesu Verkündigung will uns zu einem vertrauensvollen Verhältnis zu Gott, zur Orientierung im Leben und zur Hoffnung auf das ewige Leben in der Gemeinschaft mit dem ewigen Gott verhelfen. Während die Hörer und Täter des Wortes von diesem Heil ergriffen sind (fröhlicher Gesichtsausdruck), schauen die

Ablehnenden traurig und verhärmt aus. Die Hörer sind in Bewegung, wogegen die Ablehnenden sitzen bleiben. Sie sind „unbeweglich".

Die Gesamtaussage des Bildes ist wie bereits erwähnt positiv: Der Misserfolg des gepredigten Wortes Gottes – seine Ablehnung durch Menschen – wird am unteren Bildrand dargestellt, während die „Kraft des Evangeliums" (Röm 1,16) – die Ausbreitung des Wortes durch Jesus und die Annahme seines Wortes durch Menschen – den größten Teil des Bildes einnehmen. Mit seiner Darstellung nimmt Hans Georg Anniès die Intention des Gleichnisses und seiner Auslegung auf: Mk 4,1–9.13–20 will die Christen trösten: Der Sämann sät großzügig und reichlich, auch wenn längst nicht alle Saat aufgeht. Wo sie aber auf „fruchtbaren Boden" fällt, da gibt es viel Frucht. Mangelnde Erfolge der christlichen Verkündigung sollen uns Christen nicht deprimieren und entmutigen. *Wir* sollen auf das Wort hören und dürfen davon viel Frucht für unser Leben erwarten: „Einiges trug dreißigfach und einiges sechzigfach und einiges hundertfach" (Mk 4,8).

Herr, für dein Wort sei hoch gepreist; / lass uns dabei verbleiben
und gib uns deinen Heilgen Geist, / dass wir dem Worte glauben,
dasselb annehmen jederzeit / mit Sanftmut, Ehre, Lieb und Freud
als Gottes, nicht der Menschen.

Öffn uns die Ohren und das Herz, / dass wir das Wort recht fassen,
in Lieb und Leid, in Freud und Schmerz / es aus der Acht nicht lassen;
dass wir nicht Hörer nur allein / des Wortes, sondern Täter sein,
Frucht hundertfältig bringen.

Ach hilf, Herr, dass wir werden gleich / dem guten, fruchtbarn Lande
und sein an guten Werken reich / in unserm Amt und Stande,
viel Früchte bringen in Geduld, / bewahren deine Lehr und Huld
in feinem, gutem Herzen.

Dein Wort, o Herr, lass allweg sein / die Leuchte unsern Füßen;
erhalt es bei uns klar und rein; / hilf, dass wir draus genießen
Kraft, Rat und Trost in aller Not, / dass wir im Leben und im Tod
beständig darauf trauen.[34]

[34] EG 196: „Herr, für dein Wort sei hoch gepreist" von David Denicke (1659).

„... und Friede auf Erden“ (Lk 2,10–14)

Im Mittelpunkt des Bildes – und doch „ganz unten“ – sehen wir das neugeborene Christuskind, „in Windeln gewickelt und in einer Krippe liegend“ (Lk 2, 12). Seine Hände sind einladend zu uns Betrachtern ausgebreitet. Jesu Augen schauen uns an: Sein Kommen gilt jedem einzelnen von uns Menschen.

Die Strohbündel der Krippe sind kreuzförmig angeordnet. Das darauf liegende Kind erinnert in seiner ganzen Haltung bereits an seine spätere Kreuzigung. Denn Jesus kam als „Licht“ in die Welt, um ihre „Finsternis“ (= Gottlosigkeit, Schuld und Tod) zu überwinden (Joh 1,4–5.9; 16,33). Mit der Offenbarung der Barmherzigkeit Gottes (Joh 1,17) überwindet er unsere menschliche Angst vor dem allmächtigen Gott. Mit seinem Kreuzestod überwindet er unsere Schuld (Joh 1,29). Mit seiner Auferweckung überwindet Gott Tod und Vergänglichkeit, schenkt er uns Hoffnung auf die ewige Gemeinschaft mit ihm nach unserem Tod (Joh 3,16).

Jesu Sendung zielt also darauf, den *Frieden zwischen Gott und uns Menschen* wiederherzustellen, indem er *nicht Gott* mit uns Menschen versöhnt – aus *Menschenliebe* sendet Gott ja seinen Sohn zu uns Menschen (Joh 3,16; 1. Joh 4,9–10) –, sondern indem er *uns Menschen* mit Gott versöhnt: „So bitten wir [Verkündiger des Evangeliums] an Christi statt: *Lasst* [ihr Menschen] *euch versöhnen mit Gott*“ (2. Kor 5,20). Gott ist nicht euer Feind, er liebt euch, seine Menschenkinder. Steht ihm darum nicht ablehnend gegenüber. Gebt eure Distanz gegenüber Gott auf (vgl. 1. Mose 3,8). Er wartet darauf, dass ihr euch eurem Schöpfer (wieder) neu und vertrauensvoll zuwendet.

Das Bild bringt diese Gedanken so zum Ausdruck: Wer Christus in seinem Leben Raum gibt und sich vom „Licht der Welt" (Joh 8,12) erleuchten lässt, dessen „Finsternis" (Gottesferne) wird überwunden (Joh 1,12). Er wird selber „licht", ein „Licht der Welt" (Mt 5,14.16) wie die Menschen direkt um die Krippe herum.

Der Friede mit Gott hat direkte Auswirkungen auch auf unser Verhältnis zu unseren Mitmenschen: Zwei Menschen reichen einander die Hand. Der Friede mit anderen Menschen wird durch Christi Wirken und Geist zur Lebensmöglichkeit von uns Menschen (Lk 2,14).

Wer Christus jedoch den Rücken kehrt, wer ihn nur aus der Distanz betrachtet und in der Distanz bleibt, der bleibt „finster", d.h. „in der Finsternis" (Joh 1,5; 3,19). Allerdings enthält das Bild auch diesbezüglich hoffnungsvolle Züge: Das „Licht der Welt" strahlt auch auf die in der Finsternis stehenden Menschen aus. Sie wenden sich zwar von Christus ab (Körperhaltung), doch sind ihre Augen dem Licht des Christuskindes zugewandt, dessen Strahlen auf ihre Finsternis umgeben (Joh 1,9–12).

Ehre sei Gott in der Höhe, / der uns gesandt seinen Sohn,
Frieden zu stiften auf Erden, / uns zu versöhnen mit Gott.

Er gibt den Geist uns des Lebens, / uns, die wir stark uns gewähnt,
ruft in des Vaters Gemeinschaft / Menschen, die waren verlorn.

Er kam auf Erden ganz menschlich, / redete mit uns von Gott,
zeigt uns den liebenden Vater, / der seine Kinder vermisst.

Christus, du schenkst uns das Leben, / Leben mit Gott, unserm Herrn,
Leben im Geiste des Friedens, / Leben auch nach unserm Tod.

Gottesliebe *und* Nächstenliebe: Das Gleichnis vom barmherzigen Samariter (Lk 10,25–37)

Das Gleichnis vom barmherzigen Samariter wird ohne Berücksichtigung der *Ausgangslage* (Lk 10,25–29) leicht moralisch missverstanden in dem Sinne: „Hilf einem Menschen, wenn er in Not ist." In den das Gleichnis einleitenden Versen Lk 10,25–29 geht es aber um die *Frage, wie man Gott richtig dient*, um „das ewige Leben zu ererben". Der Schriftgelehrte beantwortet diese Frage (wie Jesus in Mt 22,35-40) mit dem *Doppelgebot der Liebe* zu Gott und zum Nächsten. Doch anders als Jesus versucht er, die Nächstenliebe einzugrenzen: „Wer ist denn mein Nächster?" (Lk 10, 29). Jesus dreht darum später die Frage um: ‚Wem bin ich der Nächste?' (Lk 10,36).

Betrachten wir jetzt die Grafik: Ins Auge springt die große *Christusgestalt* oben rechts, die uns Betrachter/innen anschaut und mit dem rechten Arm auf einen *Menschen in Not* hinweist. Dessen Augen blicken ängstlich. Die verschränkte Haltung der Arme und die über den Mund gelegte linke Hand machen deutlich, dass er nicht mehr ein noch aus weiß. Bindenartig um seinen Leib geschlungene Tücher betonen seine Gebundenheit an die Notsituation. Die Umrahmung dieses Notleidenden mit einem schwarzen Rechteck verstärkt den Eindruck von Enge und Bedrängnis. Die die Grenze des Rechtecks durchbrechenden weißen Striche rechts und links der Gestalt geben aber der Hoffnung Ausdruck, dass auch die Not dieses Menschen für Hilfe von außen offen ist.

Unter dem auf diesen Notleidenden hinweisenden Arm Jesu ist das Gleichnis vom barmherzigen Samariter in einem hellen Kreis dargestellt, in dem es um konkrete Hilfe für einen in Not geratenen Menschen geht. Im Hintergrund sieht man Priester und Levit Richtung Jericho streben, während sich im Vordergrund der Samariter um den halbtoten Juden kümmert.

Weil er bar*m h e r z* ig ist (Lk 10,37), nimmt er sich die Not dieses Menschen *zu Herzen* und übt praktische Nächstenliebe. Dass es auf die Barm*herz*igkeit ankommt, die uns zur Nächstenliebe bereit macht, bringt Hans Georg Anniès so zum Ausdruck, dass er die größere obere Bildhälfte in Form eines menschlichen *Herzens* mit seinen unterschiedlich großen Hälften darstellt.

Ein waagerechter Balken führt dazu, dass der untere Teil des Herzens unausgeführt bleibt. Das senkrecht durch das Bild gehende Spruchband GEHE HIN ... UND TUE DESGLEICHEN bildet mit dem waagerechten Balken gemeinsam ein Kreuz. Damit wird an Jesu Kreuzigung erinnert, die als Zeichen der hingebungsvollen Gottes- und Menschenliebe Jesu zu verstehen ist: „Dein Wille geschehe“ (Lk 22,42) – „Mein Leib – für euch gegeben. Mein Blut – für euch vergossen“ (Lk 22,19–20). Wie Jesus einst Menschen aus vielfältiger Not geholfen hat, so hat er uns alle am Kreuz von unserer Schuld Gott gegenüber befreit. Seine Liebe soll nun unser Leben und Handeln beeinflussen.

Rechts und links von den Worten UND TUE DESGLEICHEN sehen wir fünf Menschen, deren Verhalten von der Liebe Christi geprägt ist. Anniès bringt das so zum Ausdruck: Die Armhaltung der fünf Menschen wiederholt den auf den Notleidenden weisenden rechten Arm *Jesu* und die den Geschundenen bergenden Arme des *Samariters*. Das Herz dieser Menschen wurde bereit, anderen *zum Christus* und zum *barmherzigen Samariter* zu werden. Die Mauer menschlicher Hartherzigkeit (vgl. Priester, Levit) wurde durchbrochen (s. die durchlässigen senkrechten Mauern zwischen den fünf Menschen). Der Hintergrund, in den die fünf Menschen jeweils eingezeichnet sind, erinnert in seiner Form an die *Gebotstafeln*. Für diese Menschen gehören Gottesliebe *und* Nächstenliebe zusammen (s. Lk 10,27).

> So jemand spricht: „Ich liebe Gott“, / und hasst doch seine Brüder (1. Joh 4,20), / der treibt mit Gottes Wahrheit Spott / und reißt sie ganz darnieder. Gott ist die Lieb und will, dass ich / den Nächsten liebe gleich als mich (1. Joh 4,7–8).
>
> Wer dieser Erde Güter hat / und sieht die Brüder leiden
> und macht die Hungrigen nicht satt, / lässt Nackende nicht kleiden,
> der ist ein Feind der ersten Pflicht / und hat die Liebe Gottes nicht.
>
> Wer seines Nächsten Ehre schmäht / und gern sie schmähen höret,
> sich freut, wenn sich sein Feind vergeht, / und nichts zum Besten kehret,
> nicht dem Verleumder widerspricht, / der liebt auch seinen Bruder nicht.
>
> Wir haben einen Gott und Herrn, / sind eines Leibes Glieder, / drum diene deinem Nächsten gern, / denn wir sind alle Brüder. / Gott schuf die Welt nicht bloß für mich, / mein Nächster ist sein Kind wie ich.
>
> Ein Heil ist unser aller Gut. / Ich sollte Brüder hassen, / die Gott durch seines Sohnes Blut / so hoch erkaufen lassen? / Dass Gott mich schuf und mich versühnt, / hab ich dies mehr als sie verdient?
>
> Vergibst mir täglich so viel Schuld, / du Herr von meinen Tagen;
> ich aber sollte nicht Geduld / mit meinen Brüdern tragen,
> dem nicht verzeihn, dem du vergibst, / und den nicht lieben, den du liebst?
>
> Was ich den Armen hier getan, dem Kleinsten auch von diesen,
> das sieht er, mein Erlöser, an, / als hätt ich's ihm erwiesen (Mt 25,40). / Und ich, ich sollt ein Mensch noch sein / und Gott in Brüdern nicht erfreun?
>
> Ein unbarmherziges Gericht / wird über den ergehen, / der nicht barmherzig ist, der nicht / die rettet, die ihn flehen. / Drum gib mir, Gott, durch deinen Geist / ein Herz, das dich durch Liebe preist.[35]

---

[35] EG 412: „So jemand spricht ‚Ich liebe Gott'“ von Christian F. Gellert (1757).

Das Gleichnis vom reichen Kornbauern: Reich bei Gott sein (Lk 12,15–21)

Das Gleichnis vom reichen Kornbauern (s. Seite 77) endet mit einer Warnung Jesu (Lk 12,21). Die beiden Möglichkeiten des Menschseins – sich an den irdischen Reichtum verlieren oder reich bei Gott sein – kommen in den beiden Formen des großen dunklen Rechtecks unten und des großen Kreises oben zum Ausdruck. Sie prägen und teilen das Bild.

In der Mitte des dunklen Rechtecks ist der reiche Kornbauer zu sehen. Er ist isoliert. Eine durchbrochene quadratische Wand umgibt ihn dennoch wie eine Mauer. Er *kreist* gedanklich nur um sein Wohlergehen (Kreis um den Kornbauern). Krampfhaft klammert er sich an seinen Wohlstand, an seine großen Vorräte, die der Künstler in Form eines Geldbeutels darstellt. Er vertraut darauf, dass Wohlstand und Reichtum glücklich machen (Lk 12,19). Doch er täuscht sich. Der Tod hat ihn bereits im Würgegriff (Lk 12,20). Voller Angst und Verzweiflung klammert sich der armselige Reiche an seinen Besitz, doch vergeblich, denn der Tod ist stärker! – Zur Linken sind drei weitere Menschen zu sehen, die – „in sich selbst verkrümmt" – krampfhaft an ihrem irdischen Reichtum festhalten. Auch sie blicken ängstlich und verzweifelt. Ihr Weg führt in den Abgrund; ihr Götze – der Reichtum – zieht sie nach unten.

Die Jesusgestalt in der oberen Bildhälfte schaut uns Betrachter ernst und mahnend an. Sie weist uns mit ihrer Handhaltung auf die beiden Wege hin, die wir Menschen gehen können. Die rechte Hand Jesu zeigt nach unten, auf das Schicksal derer, die allein vom irdischen Wohlstand Glück und Heil erwarten. Dieser Weg führt nicht zum ewigen Leben. Die linke Hand Jesu weist nach oben, hin zu Gott. Es kommt nach Jesus darauf an, „reich bei Gott" (Lk 12,21) zu werden. Durch die Jesusgestalt macht Anniès deutlich, wie das geschehen kann. Er hat sie von Joh 8,12 her dargestellt: „Ich bin das Licht der Welt. Wer mir nachfolgt, der wird nicht wandeln in der Finsternis, sondern wird das Licht des *Lebens* haben." Grün, die Farbe des Lebens, ist die Grundfarbe dieser Grafik.

Wie von einem Licht, so gehen von Jesus Strahlen aus. Sie ziehen die Menschen der rechten Bildhälfte an. Sie öffnen sich dem Wort Jesu und finden durch ihn in Gottes Gemeinschaft. Gott – und nicht der irdische Reichtum – ist ihr Herr. Wie die Jesusgestalt über den Bildrand hinausweist, so vertrauen sie darauf, dass dieses irdische Leben etwas Vorletztes und nicht die einzige Wirklichkeit ist, die man „auf Teufel komm raus" auskosten muss. Ihr Weg führt nach oben über Jesus in das ewige Leben im Reich Gottes.

Auch die Menschen der rechten Bildhälfte können von Gott mit irdischem Reichtum gesegnet sein. Aber im Unterschied zu den Menschen der linken Bildhälfte sind sie nicht an den Reichtum, sondern an Gott und Christus gebunden. Darum halten sie nicht krampfhaft fest, was sie haben. Sondern ihre Arme sind offen, ihre Handhaltung ist gebend, abgebend. Sie sind gesegnet und werden anderen zum Segen (1. Mose 12,2).

Die Christusgestalt steht im Schnittpunkt zweier Strahlen, die wie ein **X**, also wie ein griechisches „Chi", aussehen; das ist der Anfangsbuchstabe des griechisch geschriebenen Wortes „**Ch**ristos". Hans Georg Anniès bringt so zum Ausdruck, dass wir uns wie die Menschen auf der rechten Bildhälfte auf das Wirken und Wort *Christi* einlassen sollen, damit wir „reich bei Gott" werden und unser Lebensweg „nach oben" führt. Der nach links unten weisende Balken des „Chi" endet abrupt vor den Menschen, die auf ihren irdischen Reichtum vertrauen. Sie wenden Christus den Rücken zu. Sie schließen sich damit selber von dem ewigen Heil aus, das Christus uns schenken will.

> Mein Auge schauet, / was Gott gebauet / zu seinen Ehren / und uns zu lehren, / wie sein Vermögen sei mächtig und groß; / und wo die Frommen dann / sollen hinkommen, / wann sie mit Frieden / von hinnen geschieden / aus dieser Erden vergänglichem Schoß.
>
> Lasset uns singen, / dem Schöpfer bringen / Güter und Gaben; / was wir nur haben, / alles sei Gotte zum Opfer gesetzt! / Die besten Güter / sind unsre Gemüter; / dankbare Lieder / sind Weihrauch und Widder, / an welchen er sich am meisten ergötzt.[36]
>
> Lass mich mit Freuden / ohn alles Neiden / sehen den Segen, / den du wirst legen / in meines Bruders und Nähesten Haus. / Geiziges Brennen, / unchristliches Rennen / nach Gut mit Sünde, / das tilge geschwinde / von meinem Herzen und wirf es hinaus.
>
> Willst du mir geben, / womit mein Leben / ich kann ernähren, / so lass mich hören / allzeit im Herzen dies heilige Wort: / „Gott ist das Größte, / das Schönste und Beste, / Gott ist das Süßte / und Allergewisste, / aus allen Schätzen der edelste Hort."[37]

---

[36] Jes 1,1.13.16–17; Hos 6,6; Ps 51,17–19.

[37] EG 449: „Die güldne Sonne voll Freud und Wonne" von Paul Gerhardt (1666).

Das Gleichnis vom verlorenen Sohn I: Der barmherzige Vater (Lk 15,11–32)

Das „Gleichnis vom verlorenen Sohn“ hat Hans Georg Anniès immer wieder beschäftigt. Dieses Buch enthält drei Beiträge, die drei unterschiedliche Blickwinkel wiedergeben, aus denen der Künstlers dieses fundamentale Gleichnis Jesu betrachtet hat.

Die eindrückliche Grafik zum „Gleichnis vom barmherzigen Vater“ (s. Seite 80) wird von der Gestalt des barmherzigen Vaters dominiert, die fast das ganze Bild ausfüllt. Übergroße Arme und Hände umfangen den zurückgekehrten, jüngeren Sohn. Er erfährt bei seinem Vater Geborgenheit; er hat wieder eine Heimat gefunden und wird neu in die Familie Gottes aufgenommen (Lk 15, 22: der „Ring“ ist der Familienring; vgl. auch Gal 3,26; Röm 8,15; 1. Joh 3,1; Offb 21,7). Die bußfertige Haltung des jüngeren Sohnes (Lk 15,17–21) bringt Anniès so zum Ausdruck, dass er den Sohn vor dem Vater knien lässt. Schlaff hängen die Arme des Sohnes herunter; die Ärmel seines Gewandes sind verschlissen; er trägt keine Schuhe an den Füßen: Ein „heruntergekommener“ Sohn, der sein „Vermögen“ verspielt hat und am Ende *seiner* Kraft angelangt ist (Lk 15,13–17), wird von seinem (himmlischen) Vater nicht abgewiesen, sondern mit Freuden an- und aufgenommen (Lk 15,22–24).

Doch stellt das insgesamt dunkel wirkende Bild – anders als die beiden folgenden Versionen – nicht die Freude über die Rückkehr des Sünders in Gottes Gemeinschaft in den Vordergrund, sondern es thematisiert die *Gottesferne* („Finsternis“) *beider* Söhne, die der Freiheit schenkende, selbstlos liebende Vater nicht verhindert (Lk 15,12–13.28.32), unter der er aber *leidet*. Das Gesicht des Vaters – die Sorgenfalten auf der Stirn, die abgehärmte, schmale Mundpartie und die weit geöffneten Augen – vermitteln den Eindruck von Sorge und Mitgefühl, von Leid und Barmherzigkeit, von Güte und Ernst.

Im Hintergrund oben ist der daheim gebliebene, ältere Sohn zu sehen. Breitbeinig und trotzig steht er da, die Arme im Gegensatz zu den offenen Armen des Vaters verschränkt; er betrachtet die Annahme seines verlorenen Bruders mit finster gesenktem Blick (vgl. 1. Mose 4,5–7). Eine „Zornesfalte“ – sie trifft auf den Vater – durchschneidet sein Gewand (Lk 15,28). Der Vater leidet auch unter dem Verhalten dieses Sohnes (Gesichtsausdruck des Vaters). Doch auch ihm geht der Vater entgegen (vgl. Lk 15,28 mit 15,20) und „bittet“ ihn um Verständnis für seinen Bruder und für sein eigenes Verhalten. Der ältere Sohn verharrt jedoch in seiner Haltung, die den jüngeren Bruder und das Verhalten des Vaters

verurteilt (15,29–30). Er stellt sich über sie. Der Künstler bringt das so zum Ausdruck, dass der ältere Sohn *über* seinem Vater und seinem zurückgekehrten Bruder steht, in deutlicher Distanz zu ihnen – und darum auch kleiner als sein zurückgekehrter Bruder im Vordergrund.

Das Gleichnis schließt mit der eindringlichen Bitte des Vaters an den älteren Sohn, sich über die Heimkehr seines jüngeren Bruders mitzufreuen: „Denn dieser *dein* Bruder war tot und ist wieder lebendig geworden, er war verloren und ist wiedergefunden" (Lk 15,32). Es bleibt offen, wie der ältere Sohn auf diese Worte des Vaters reagiert.

Jesus erzählte dieses Gleichnis den Pharisäern und Schriftgelehrten, die nicht akzeptierten, dass er Sünder in Gottes Gemeinschaft aufnahm (Lk 15, 1–2). Mit den *drei* Gleichnissen von Verlorenen (Lk 15,3–7. 8–10.11–32) – insbesondere mit dem „Gleichnis vom barmherzigen Vater" – versuchte Jesus ihnen nahe zu bringen, dass Gott *Gnade vor Recht* ergehen lässt, weil sein *Wesen* Liebe und Barmherzigkeit ist.

Hans Georg Anniès hebt mit seiner Darstellung des Gleichnisses vom barmherzigen Vater und seinen zwei „ungleichen" Söhnen die Gnade und Liebe des *himmlischen* Vaters hervor, mit denen er *beiden* Söhnen begegnet. Dieser Vater „gab" seinen „lieben Sohn" (Mk 1,11) für uns Sünder dahin, damit wir „nicht verloren werden, sondern das ewige Leben haben", also in der ewigen Gemeinschaft mit Gott schon jetzt und bis in die Ewigkeit leben dürfen (Joh 3,16; Lk 15,24). Und so schaut der Vater auf dem Bild nicht zum heimgekehrten Sohn, auch nicht zu dem zu Hause gebliebenen, sondern zu *uns*, die wir dieses Bild betrachten. Seine Liebe zu den Sündern, die sich in Jesu Leiden, Kreuzigung und Auferweckung „äußert", gilt auch uns. Der linke Arm des Vaters umschließt den zurückgekehrten Sohn (noch) nicht, sondern er ist in einladend offener Gebärde gestaltet. Gottes Einladung in die Gemeinschaft der Gottesfamilie gilt uns allen: Denen, die Gott davongelaufen sind und zu ihm zurückkehren (möchten), sowie denen, die sich von Gott und seiner Kirche nie getrennt haben. Christus eint alle Menschen, die durch ihn in die Lebensgemeinschaft mit dem barmherzigen, himmlischen Vater finden: „Denn ihr seid alle durch den Glauben Gottes Kinder in Christus Jesus ... Hier ist nicht Jude noch Grieche (= Heide), hier ist nicht Sklave noch Freier, hier ist nicht Mann noch Frau; denn ihr seid allesamt einer in Christus Jesus" (Gal 3,26–28).

Barmherzig und gnädig ist Gott, unser Herr,
geduldig und von großer Güte.
Vergibt seinen Kindern und zürnt uns nicht mehr.
Vor neuer Schuld, Herr, uns behüte!

So weit wie der Himmel die Erde umspannt,
lässt Gnad und Erbarmen er walten,
ist nahe dem, der seine Liebe erkannt,
der ernstlich sich will an ihn halten.

Und wenn wir auch straucheln, die Richtung verliern,
es bleibt bei uns stets seine Gnade.
Der liebende Vater lässt uns nicht verirrn,
lenkt zu sich zurück unsre Pfade.[38]

[38] Grundlage dieses Liedes ist Ps 103,8–13.

Das Gleichnis vom verlorenen Sohn II: Einladung in Gottes Gemeinschaft (Lk 15,11–32)

Hans Georg Anniès hat diese Darstellung des Gleichnisses vom „verlorenen Sohn“ in ein Verkündigungsbild gefasst, das die Einladung Jesu in Gottes Gemeinschaft und Reich als Einladung zum Festmahl (vgl. Lk 14,15–24) interpretiert. Dieses Festmahl wird im *Abendmahl* in der Hoffnung auf die kommende Vollendung im Reich Gottes gefeiert (Mk 14,22–25). Wenn man die Grafik etwas aus der Distanz betrachtet, hat sie die Form eines Abendmahlskelchs, in dem der *Wein* beim Abendmahl gereicht wird. Die Darstellung des Gleichnisses vom verlorenen Sohn befindet sich im „Griff“ des Kelchs, während im „Becher“ der zum Festmahl einladende Christus abgebildet ist. Er steht in einem mit kräftigen Ähren verzierten Torbogen, die deutlich an das *Brot* erinnern, das beim Abendmahl verzehrt wird.

Die Bewegung des Bildes verläuft von unten nach oben. Dieser Eindruck wird durch die nach oben fliegenden Vögel verstärkt, die die Unbeschwertheit des Lebens unter Gottes Herrschaft zu symbolisieren scheinen (Mt 6,26.33). Zugleich stellen sie die Rundung des Kelches dar.

Zentrum des Bildes ist die uns Betrachtende anschauende, uns zum Festmahl (Abendmahl) einladende Christusgestalt (Lk 15,23.32). Wieder ist die Bedeutung Christi an dem in sein Gewand eingearbeiteten **J**ota-**Ch**i-Zeichen erkennbar, das für die Initialen von **J**esus **Ch**ristus steht, die ineinander gesetzt sind:

I + X = ✱

Jesus **Ch**ristus bedeutet: Jesus der Messias; „Messias“ ist eine Würdebezeichnung Jesu, die im Neuen Testament auch vor den Namen Jesus gesetzt werden kann: „Christus Jesus“ (z.B. Mt 27,17; Joh 20,31; Röm 3,24; 1. Kor 1,1).

Die Arme Christi sind sowohl gegenüber uns, die wir diese Grafik betrachten, als auch gegenüber den Menschen unten einladend offen. Die Rechte Christi weist zugleich einladend auf den „Tisch des Herrn“, auf dem sich der Abendmahlskelch (Wein), eine Schale mit Oblaten (Brot) und die Bibel (das Evangelium von Jesus dem Christus), aber auch Blumen und Musikinstrumente befinden; denn die – auch im Abendmahl erfahrene – Annahme des Sünders in Gottes Gemeinschaft ist für Gott und Mensch Grund zur Freude (vgl. Lk 15,6–7.9–10. 23–24).

Es fällt auf, dass die Christusgestalt oben und die Gestalt des barmherzigen Vaters unten in Aussehen und Gebärde *gleich gestaltet* sind: Um Christi willen vergibt Gott uns Menschen unsere Sünde (= unsere Abwendung von Gott). Wie Gott den verlorenen Sohn wieder aufnimmt, so erneuert der zu Gott erhöhte Christus durch das Abendmahl unsere Gemeinschaft mit Gott. Um des stellvertretenden Todes Jesu am Kreuz willen – Wein und Brot erinnern daran – vergibt Gott uns unsere Sünde. Die „Sünde“ – das von Gott Trennende, uns Menschen kaputt Machende (= zerbrochene Steine am unteren Bildrand) – wird in Gottes Gemeinschaft „geheilt“ (= heile Steine links und rechts vom Torbogen [vgl. Lk 14,21–23; Lk 15,24]).

Wie uns Christus in Gottes Reich einlädt, so sehnen wir Menschen uns nach seiner heilvollen Gemeinschaft. Der einladenden Bewegung der Arme der Christusgestalt (und des Vaters) entspricht die Form der sich zu Jesus ausstreckenden Arme der Menschen in der unteren Bildhälfte. Diese Menschen haben erkannt: Wir brauchen (den auch für uns gestorbenen und auferweckten) Christus. Er schenkt uns Gottes Gemeinschaft, er macht uns zu Bürgern von Gottes Reich.

> Herr, deine Liebe wird mich nie verlassen, / Herr nur, bei dir, da hab ich mein Zuhaus. / Frei bin ich, da zu wohnen und zu gehen, / frei bin ich, Ja zu sagen oder Nein. / Herr, deine Liebe wird mich nie verlassen, Herr, nur bei dir, da hab ich mein Zuhaus.
>
> Du schenkst mir Freiheit, um mich selbst zu finden, / Freiheit, aus der ich etwas machen kann. / Du schenkst mir Freiheit, ich kann mich entscheiden, / ob ich vor dir mein Leben führen will. / Herr, deine Liebe wird mich niemals zwingen, / Herr, nur bei dir, da hab ich mein Zuhaus.
>
> Herr, du verstehst mich, wenn ich an dir zweifle, / doch niemals lässt du aus den Augen mich. / Herr, du bist bei mir, leitest meine Wege, / du schenkst mir Zeichen, dass du bei mir bist. / In deiner Nähe fühl ich mich geborgen, / Herr, nur bei dir, da hab ich mein Zuhaus.
>
> In deine Hände leg ich, Herr, mein Leben, / ich bitte dich, mach mich zu deinem Kind. / Herr, schenk mir Glauben, dass ich bei dir bleibe, / dass ich erkenne: DU nur bist der Herr. / Herr, deine Liebe wird mich nie verlassen, / Herr, nur bei dir, da hab ich mein Zuhaus.[39]

---

[39] Eine Neufassung des Liedertextes von „Herr, deine Liebe ist wie Gras und Ufer“ (Lars Åke Lundberg) von Hermann Mahnke.

Das Gleichnis vom verlorenen Sohn III: „Gott ist gegenwärtig" (Lk 15,11–32)

Die dritte Fassung des Gleichnisses vom verlorenen Sohn bringt uns zum *Nachsinnen* über dieses Gleichnis in Form einer Serie von fünf Holzschnitten. Der biblische Text und einige kommentierende Hinweise[40] werden uns dabei begleiten. Beim Betrachten der einzelnen Bilder müssen wir auf die *Hände* achten: Sie haben, sie halten fest, sie lassen los, sie sind leer und sie bitten. Ferner ist Folgendes zu bedenken: In jedem der Bilder ist der Vater – Gott – gegenwärtig. Er ist also dem Sohn nahe, der ihm den Rücken kehrte. Hans Georg Anniès hat den Vater mit einem Kreuz – *dem* Zeichen der Liebe Gottes zu uns Menschen – dargestellt, das wir in jedem der Bilder entdecken können. Dieses Kreuz ist zugleich die abstrakte Form des Vaters mit weit geöffneten Armen.

Lk 15,11–13: *„Und er sprach: Ein Mensch hatte zwei Söhne. Und der jüngere von ihnen sprach zu dem Vater: Gib mir, Vater, das Erbteil, das mir zusteht. Und er teilte Hab und Gut unter sie. Und nicht lange danach sammelte der jüngere Sohn alles zusammen und zog in ein fernes Land."*

Himmel und Erde (s. die Hände) gewinnt der Sohn, der das Vaterhaus, das dunkle, endlich hinter sich lassen kann. Zurück bleiben der Vater (großes Kreuz) und – in sich selbst verkrümmt – der ältere Bruder.

---

[40] In Anlehnung an: Zeichen, Lebenszeichen, Hoffnungszeichen: Bilder von Hans Georg Anniès, hsgg. von E. Dieterich, Löwensteiner Materialdienst, 1988 S.16–21.

Lk 15,13: *„Und nicht lange danach sammelte der jüngere Sohn alles zusammen und zog in ein fernes Land; und dort brachte er sein Erbteil durch mit Prassen."*

Die ganze Welt ist mein! Wer Geld hat, dem gehört die Welt. Haben, haben, haben! Ist der Sohn trunken vor Glück? Über dem Sohn – kaum wahrnehmbar – das Kreuz, die Nähe des liebenden Vaters.

Lk 15,14–16: *„Als er nun all das Seine verbraucht hatte, kam eine große Hungersnot über jenes Land, und er fing an zu darben und ging hin und hängte sich an einen Bürger jenes Landes; der schickte ihn auf seinen Acker, die Säue zu hüten. Und er begehrte, seinen Bauch zu füllen mit den Schoten, die die Säue fraßen; und niemand gab sie ihm."*

Auch die Freundin sucht das Weite. Auf dem Scherbenhaufen seines Lebens bleibt er verlassen und verarmt (nackt) zurück. Was hat er noch? Alle Welt hat ihn verlassen. Das Kreuz über dem Sohn tritt klarer hervor.

Lk 15,17–20: *„Da ging er in sich und sprach: Wie viele Tagelöhner hat mein Vater, die Brot in Fülle haben, und ich verderbe hier im Hunger! Ich will mich aufmachen und zu meinem Vater gehen und zu ihm sagen: Vater, ich habe gesündigt gegen den Himmel und vor dir. Ich bin hinfort nicht mehr wert, dass ich dein Sohn heiße; mache mich zu einem deiner Tagelöhner! Und er machte sich auf."*

Der Sohn setzt sich in Bewegung, hin zum Vater, dessen Nähe im klar erkennbaren Kreuz sichtbar wird. Krippe, Stern und Buch (= die Bibel, das Wort Gottes) helfen dem Sohn, den Weg zu finden.

Lk 15,20–24: *„Und er machte sich auf und kam zu seinem Vater. Als er aber noch weit entfernt war, sah ihn sein Vater und es jammerte ihn; er lief und fiel ihm um den Hals und küsste ihn. Der Sohn aber sprach zu ihm: Vater, ich habe gesündigt gegen den Himmel und vor dir; ich bin hinfort nicht mehr wert, dass ich dein Sohn heiße. Aber der Vater sprach zu seinen Knechten: Bringt schnell das beste Gewand her und zieht es ihm an und gebt ihm einen Ring an seine Hand und Schuhe an seine Füße und bringt das gemästete Kalb und schlachtet's; lasst uns essen und fröhlich sein! Denn dieser mein Sohn war tot und ist wieder lebendig geworden; er war verloren und ist gefunden worden. Und sie fingen an, fröhlich zu sein.*

Nun ist der Sohn wieder zu Hause, ganz bei seinem himmlischen Vater (großes Kreuz), der ihn ohne Bedingungen annimmt, ganz im Licht.

Die Gesamtdarstellung der Holzschnitte bildet ein Kreuz. Damit kommt das Anliegen von Hans Georg Anniès, die Liebe des Vaters im Kreuz darzustellen, noch einmal sichtbar zum Ausdruck. Handelt es sich beim „Gleichnis vom verlorenen Sohn“ doch eigentlich um das „Gleichnis vom barmherzigen Vater und seinen zwei unterschiedlichen Söhnen“.

Es steht in deiner Macht, Gott loszulassen,
doch hindern kannst du nicht, dass er dich hält.
Es steht in deinem Willen, Gott zu hassen,
und dennoch liebt er dich, du Kind der Welt.

Du kannst dich gegen Christus frei entscheiden,
auf Golgatha entschied er sich für dich!
Du kannst sein Wort und seine Kirche meiden,
doch immer suchen Wort und Kirche dich!

Du kannst dir selber deine Wege suchen,
doch hindern kannst du nicht, dass Gott dich führt.
Du kannst Gott leugnen, seiner Allmacht fluchen,
doch hindern kannst du nicht, dass Gott regiert.[41]

[41] Text von Sr. Marie Hüsing (1909–1995).

Jesus findet Zachäus (Lk 19,1–10)

Die Aussagen dieses Verkündigungsbildes – es handelt sich um eine Ölkreidezeichnung – sind klar ersichtlich: Übergroß steht die Jesusgestalt im Zentrum des Bildes. Zur Rechten Jesu befindet sich Zachäus, noch in der Bewegung des Herabsteigens vom Baum, den linken Arm Jesus entgegenstreckend (= er ist offen für Jesus und nimmt ihn auf). Links von Jesus stehen unten zwei seiner Gegner, die sein Verhalten diesem „Sünder“ gegenüber kritisieren (Gebärden und Gesichtsausdruck [Lk 19,7]). An den Bildrändern sieht man Menschen, die die Szene in der Bildmitte aus der Distanz (= aus ihren Häusern heraus) betrachten: aus innerer Distanz zu Jesus und/oder zu Zachäus. Die Gesichter dieser Menschen, die Jesus nicht besucht, schauen durchaus nicht erfreut zur Szene in der Bildmitte hin oder wenden sich bewusst davon ab.

Auffällig sind die überlangen, sich einladend ausbreitenden Arme Jesu gestaltet (vgl. Mt 11,28–30): Sie umfangen nicht nur Zachäus, sondern auch die Kritiker Jesu. Sein Heilandswirken gilt auch ihnen. Denn Jesus ist „gekommen, zu suchen und selig zu machen, was verloren ist“ (Lk 19,10). Zachäus ist bereits „gefunden“. In Jesu Gemeinschaft erfährt er seine Annahme durch Gott (Lk 19,9). Sein Gewand und das Gewand Jesu sind in denselben Farben – in Rot und

Goldorange – wiedergegeben. In dunkler schwarzblauer Farbe sind dagegen die beiden Gegner Jesu im Vordergrund und die Gesichter der Distanzierten in den Häusern gehalten. In ihrer Distanz zu Jesus und ihrem Anstoß an ihm sind sie noch in der „Finsternis", in der „Verlorenheit" (vgl. Joh 3,16–20). Darum ist Jesu Arm einladend auch über sie ausgebreitet: Er will auch ihr „Heiland" und Retter sein, der sie in die Gemeinschaft des barmherzigen Gottes und seiner Kinder (Joh 1,12) bringt.

Jesus nimmt die Sünder an. / Saget doch dies Trostwort allen,
welche von der rechten Bahn / auf verkehrten Weg verfallen.
Hier ist, was sie retten kann: / Jesus nimmt die Sünder an.

Keiner Gnade sind wir wert; / doch hat er in seinem Worte
eidlich sich dazu erklärt. / Sehet nur, die Gnadenpforte
ist hier völlig aufgetan: / Jesus nimmt die Sünder an.

Wenn ein Schaf verloren ist, / suchet es ein treuer Hirte;
Jesus, der uns nie vergisst, / suchet treulich das Verirrte,
dass es nicht verderben kann: / Jesus nimmt die Sünder an.

Kommet alle, kommet her, / kommet, ihr betrübten Sünder!
Jesus rufet euch, und er / macht aus Sündern Gottes Kinder.
Glaubet's doch und denket dran: / Jesus nimmt die Sünder an.

Jesus nimmt die Sünder an; / mich hat er auch angenommen
und den Himmel aufgetan, / dass ich selig zu ihm kommen
und auf den Trost sterben kann: / Jesus nimmt die Sünder an.[42]

[42] EG 353: „Jesus nimmt die Sünder an" von Erdmann Neumeister (1718).

„Vater, vergib ihnen, denn sie wissen nicht, was sie tun“ (Lk 23,34a / Mk 14,64; 15,29–32)

Mk 14,64: Beim Verhör Jesu sagt der Hohepriester: „Ihr habt die Gotteslästerung gehört. Was ist euer Urteil? Sie aber verurteilten ihn alle, dass er des Todes schuldig sei.“ – **Mk 15,29–32:** „Und die vorübergingen, lästerten ihn und schüttelten ihre Köpfe und sprachen: Ha, der du den Tempel abbrichst und baust ihn auf in drei Tagen, hilf dir nun selber und steig herab vom Kreuz! Desgleichen verspotteten ihn auch die Hohenpriester untereinander samt den Schriftgelehrten und sprachen: Er hat andern geholfen und kann sich selber nicht helfen. Ist er der Christus, der König von Israel, so steige er nun vom Kreuz, damit wir sehen und glauben.“ – **Lk 23,34a:** „Jesus aber sprach: Vater, vergib ihnen; denn sie wissen nicht, was sie tun!“

Dies ist für mich eine der eindrücklichsten Grafiken, die Hans Georg Anniès je geschaffen hat: Im Vordergrund steht ein Gegner Jesu, die Arme ablehnend verschränkt, mit leicht triumphierenden Lächeln, den Blick nach innen gekehrt und wohl denkend: „Den haben wir zur Strecke gebracht, den sind wir los!“ Hinter ihm Jesus am Kreuz, das schmerzreiche Gesicht von seinem Gegner fast verdeckt. Auffällig sind die ans Kreuz genagelten Hände gestaltet. Die rechte Hand Jesu weist aus dem Bild heraus hin zu Gott, an den er sich fürbittend wendet. Die linke Hand Jesu bildet gewissermaßen einen „Schutzschild“ über dem Kopf des Widersachers Jesu, der hier für alle Menschen steht, die Jesus ablehnen. Der Gekreuzigte tritt noch am Kreuz für sie ein: „Vater, vergib ihnen; denn sie wissen nicht, was sie tun!“ (Lk 23,34a). Auffällig deutlich ist das Blut Jesu dargestellt, das von den mit Nägeln durchbohrten Händen an seinen Armen herabfließt. Hans Georg Anniès führt uns so vor Augen, dass Jesus sein Leben für uns Menschen dahingibt – auch für die, die ihn ablehnen und erbittert bekämpfen.

O Haupt voll Blut und Wunden, / voll Schmerz und voller Hohn, / o Haupt, zum Spott gebunden / mit einer Dornenkron, / o Haupt, sonst schön gezieret / mit höchster Ehr und Zier, / jetzt aber hoch schimpfieret: / gegrüßet seist du mir!

Nun, was du, Herr, erduldet, / ist alles meine Last; / ich hab es selbst verschuldet, / was du getragen hast. / Schau her, hier steh ich Armer, / der Zorn verdienet hat. / Gib mir, o mein Erbarmer, / den Anblick deiner Gnad.

Ich danke dir von Herzen, / o Jesu, liebster Freund, / für deines Todes Schmerzen, / da du's so gut gemeint. / Ach gib, dass ich mich halte / zu dir und deiner Treu / und, wenn ich nun erkalte, / in dir mein Ende sei.

Wenn ich einmal soll scheiden, / so scheide nicht von mir, / wenn ich den Tod soll leiden, / so tritt du dann herfür; / wenn mir am allerbängsten wird um das Herze sein, / so reiß mich aus den Ängsten / kraft deiner Angst und Pein.

Erscheine mir zum Schilde, / zum Trost in meinem Tod, / und lass mich sehn dein Bilde / in deiner Kreuzesnot. / Da will ich nach dir blicken, / da will ich glaubensvoll / dich fest an mein Herz drücken. / Wer so stirbt, der stirbt wohl.[43]

---

[43] EG 85: „O Haupt voll Blut und Wunden“ von Paul Gerhardt (1656).

„Vater, ich befehle meinen Geist in deine Hände“ (Lk 23,46 / Joh 1,29)

Lk 23,44–46: „Und es war schon um die sechste Stunde (12.00 Uhr), und es kam eine Finsternis über das ganze Land bis zur neunten Stunde (15.00 Uhr), und die Sonne verlor ihren Schein, und der Vorhang des Tempels riss mitten entzwei. Und Jesus rief laut: ‚Vater, ich befehle meinen Geist in deine Hände!‘ Und als er das gesagt hatte, verschied er.“

Hans Georg Anniès hat das Ende Jesu am Kreuz ausdrucksstark wiedergegeben: Die über dem Kreuz angedeutete Sonne ist verfinstert. Die Arme des bereits gestorbenen Gekreuzigten sind *segnend* zu uns hin ausgebreitet, die wir diese Grafik auf uns wirken lassen: Jesu Tod geschieht uns zum Segen. Er starb auch *für uns* als das „Lamm *Gottes*, das der Welt Sünde [weg]trägt“ (Joh 1,29). Der Kreuzesstamm und die Lanze (Joh 19,33–34) weisen nach „oben“, also zu *Gott*: Auch der gestorbene Jesus ist so dargestellt, dass er mit seinem Körper, besonders mit beiden Armen nach „oben“ weist: Bis in den Tod hinein ist Jesus uns Menschen gegenüber Gottes treuer Zeuge.

Herr Jesus Christus!
Du hast Gottes Liebe zu uns Menschen gebracht.
Du hast uns in Gleichnissen verkündet, dass Gott uns sucht
wie der Hirte sein verlorenes Schaf
und dass Gott uns annimmt wie der Vater seinen verlorenen Sohn.
Du hast dich liebevoll um uns Menschen gekümmert:
Zolleintreiber und Prostituierte, die von ihren Mitmenschen
gemieden wurden, hast du in Gottes Gemeinschaft gerufen;
Aussätzige und andere Kranke, die sich selber aufgegeben hatten,
hast du geheilt und ihnen neues Leben geschenkt.
Weil du uns Menschen liebtest, hast du dir Unrecht tun lassen,
als sie dich als Gotteslästerer anklagten.
Weil du niemanden zum Glauben zwingen wolltest,
hast du dich nicht verteidigt und gewehrt,
als sie dich falsch beschuldigten und kreuzigten.
Noch am Kreuz hast du für deine Feinde gebetet:
„Vater, vergib ihnen, denn sie wissen nicht, was sie tun!"
Für sie bist du gestorben – und auch für uns, für unsre Schuld.
Unsere Gottesferne hast du am Kreuz stellvertretend auf dich genommen:
„Mein Gott, mein Gott, warum hast du mich verlassen!?"
Dann bist du gestorben und begraben worden.
Nun ist alles aus, dachten deine Gegner – und auch deine Jünger.
Aber du warst nicht von Gott verlassen. Du hast mit deinem ganzen Leben
und seinem bitteren Ende Gottes Willen treu erfüllt.
Und darum hat Gott nicht länger geschwiegen.
Er hat dir die Treue gehalten und sich zu dir bekannt.
Er hat dich auferweckt vom Tode zum ewigen Leben.
Er hat dir Anteil an seiner göttlichen Macht gegeben.
Du bist deinen Jüngern erschienen
und hast sie aus ihrer Hoffnungslosigkeit erlöst.
Du begegnest auch uns als der lebendige Herr.
Du erweckst in uns Glauben und Hoffnung.
Wir dürfen deine Nähe erfahren in unserem Gebet, im Gottesdienst,
in Gesprächen und auch in dem, was wir erleben.
Wir danken dir, Herr Jesus Christus, für alles, was du für uns getan hast
und tust. Halte uns fest in deiner Gemeinschaft. Amen.

Der von Gott auferweckte Christus offenbart sich zwei Jüngern in Emmaus (Lk 24,13–35)

Im Vordergrund sehen wir den auferstandenen Christus – erkennbar an den Nägelmalen – in der Mitte von zwei traurig aussehenden Männern, zwei Jüngern Jesu, die sich nach Jesu Kreuzigung enttäuscht auf den Weg von Jerusalem nach Emmaus machen. Der linke Arm Christi weist auf die Szene in der rechten Bildhälfte hin, in der sowohl das Auferstehungsgeschehen als auch die Erfahrung des Auferstandenen auf dem Wege nach Emmaus *und* in der Herberge ineinander gezeichnet sind. Denn die Jünger empfanden die Besonderheit des „Fremden" (Lk 24,16.18) bei der Auslegung der Schrift, während sie nach Emmaus unterwegs waren (s. die große Bibel auf dem Tisch [Lk 24,26–27.32]); doch erst beim gemeinsamen Mahl in der Herberge von Emmaus (s. Brot und Kelch auf dem Tisch [Lk 24,30–31]) erkannten sie ihn als den von Gott Auferweckten.

Sind es nach Lk 24,28–29 die *Jünger*, die nach den Erfahrungen mit dem „Fremden" auf dem Wege (Lk 24,32) Jesus zum Bleiben „nötigen", so übernimmt *Jesus* nach Lk 24,30 die Rolle des Gastgebers, um sich zu offenbaren.

Hans Georg Anniès bringt diesen Zug der Emmausgeschichte so zum Ausdruck, dass er *Christus* in die Herberge zum Abendmahl einladen lässt: Nicht nur den beiden Jüngern gilt seine einladende Gebärde, sondern auch uns, die wir das Bild betrachten und die der Auferstandene anschaut. Wie die Jünger den Auferstandenen *beim Abendmahl in der Herberge* erkennen, so wird hinter dem Abendmahlstisch und der Herberge die Auferweckung Jesu – das leere Felsengrab mit dem zur Seite gewälzten Rollstein – erkennbar.

Im Hintergrund von Jesus und den Jüngern sieht man die Kreuzigungsstätte Golgatha. *Hinter* Christus liegen Kreuz und Tod. *Vor* den Jüngern liegt nach ihrem Tod die Auferstehung, auf die Christus sie hinweist. Bibel (Gottes Wort) und Abendmahl halten uns in der lebendigen Gemeinschaft mit Gott und Christus. Diese Gemeinschaft will Gott uns über unseren Tod hinaus bewahren, wie er Christus von den Toten auferweckt hat (1. Kor 6,14).

Bleibe bei uns, Herr,
denn es will Abend werden
und der Tag hat sich geneigt.
Bleibe bei uns und bei deiner ganzen Kirche.
Bleibe bei uns am Abend des Tages,
am Abend des Lebens,
am Abend der Welt.
Bleibe bei uns mit deiner Gnade und Güte,
mit deinem Wort und Sakrament,
mit deinem Trost und Segen.
Bleibe bei uns, wenn über uns kommt
die Nacht der Trübsal und der Angst,
die Nacht des Zweifels und der Anfechtung,
die Nacht des bitteren Todes.
Bleibe bei uns und allen Gläubigen
in Zeit und Ewigkeit.[44]

[44] Gebet von Wilhelm Löhe (1808–1872); aus: Gebete zum Leben, hsgg. von H. Ludwig, Claudius Verlag, München 1988 S. 228.

„Ich bin der gute Hirte“ (Joh 10,11 / Lk 15,4; 23,44)

Joh 10,11: „Ich bin der gute Hirte. Der gute Hirte lässt sein Leben für die Schafe.“

Lk 23,44: „Und es war schon um die sechste Stunde, und es kam eine Finsternis über das ganze Land bis zur neunten Stunde.“

Lk 15,4: „Welcher Mensch ist unter euch, der hundert Schafe hat und, wenn er *eins* von ihnen verliert, nicht die neunundneunzig in der Wüste lässt und geht dem verlorenen nach, bis er's findet?“

Hans Georg Anniès' Grafik zum Thema „Ich bin der gute Hirte" (Joh 10,11) macht insgesamt einen dunklen Eindruck. Sie gibt die Situation der „Finsternis" und „Verlorenheit" (Joh 3,16–19) wieder, in der wir Menschen uns fern von Gott befinden.

Vor der für die Grafik zentralen Christusgestalt grast in der Finsternis ein Schaf; es scheint unbekümmert zu sein und lebt in der Finsternis, weil es nichts anderes kennt. Von oben (= von Gott her) durchdringt ein goldgelber Streifen die Finsternis. Er trifft bereits auch auf das sonst ganz in der Finsternis stehende Schaf (linkes Ohr). Das grasende Schaf ist zwar vom Licht Gottes erfasst und erhellt, doch scheint es noch nicht mitzubekommen, was ihm zugute über ihm geschieht.

Der breite Lichtstreifen ist sinnfälliger Ausdruck für Jesu Sendung, der von Gott zu uns Menschen als „das Licht der Menschen" (Joh 1,4) bzw. als „das Licht der Welt" (Joh 8,12) gesandt wurde, „damit alle, die an ihn glauben, nicht verloren werden" (Joh 3,16), sondern Jesus „nachfolgen", auf diese Weise die „Finsternis" der Gottesferne verlassen und „das Licht des [ewigen] Lebens haben" (Joh 8,12).

Auf dem breiten, goldgelben Streifen, der von Gott kommt und zu ihm hinführt, steht Jesus, durch den Hirtenstab als „der gute Hirte" (Joh 10,11) kenntlich gemacht. Im Sinne des Gleichnisses vom verlorenen Schaf (Lk 15,4) beugt er sich zu dem einsam und verloren dastehenden Schaf herab, um es zu retten, d.h. um es in seine Arme zu nehmen, um es aus der Finsternis zu holen und es auf den Weg zu Gott (heller Streifen) zu bringen. Die sich dem Verlorenen zuwendende Barmherzigkeit Gottes kommt nicht nur in der rettenden Gebärde der (überlangen) Arme und der sich zum Schaf niederbeugenden Haltung Jesu zum Ausdruck, sondern auch in dem bekümmert-barmherzigen Gesichtsausdruck, mit dem sich der „gute Hirte" dem Schaf zuwendet (vgl. Mt 9,36).

Wie in dem Bildwort vom „guten Hirten" (Joh 10,11) davon die Rede ist, dass „der gute Hirte sein Leben für die Schafe lässt", so hat dieser Holzschnitt von Hans Georg Anniès noch eine zweite, hintergründige Ebene, die mit den eben beschriebenen Zügen der Darstellung in Einklang steht:

Der helle, goldgelbe Streifen in der rechten Bildhälfte lässt auch an den *Kreuzesstamm* denken, an dem Jesus sein Leben für alle verlorenen Sünder dahingab. Hing Jesus einst am Kreuz, so „schwebt" die Christusgestalt in diesem Bild, die Füße mit dem „Kreuz" verbunden. Und wie nach Lk 23,44 zur Todesstunde Jesu „Finsternis" herrschte, so setzt der dunkle Hintergrund der gesamten Grafik diese Finsternis ins Bild. Das Wort Christi „Ich bin der gute Hirte.

Der gute Hirte lässt sein Leben für die Schafe“ (Joh 10,11) ist hier also auf Jesu Kreuzigung bezogen: Der Gekreuzigte erscheint als der „gute Hirte“, der sein Leben für die Schafe dahingibt. Das Schaf neben dem Kreuzesstamm steht für alle Menschen, die ohne das Wirken und den Lebenseinsatz des Heilands Jesus Christus verloren wären. Das Schaf steht auch für uns.

Miserere

Jesus, du kommst, die Sünder zu retten.
Findest du welche? Ich möchte wetten,
du findest keine, so ist das heute.
Es gibt einfach niemand, der etwas bereute
und sich als Sünder betrachten wollte,
der Rettung bedürftig, der Gnade. Sollte
jedoch unter all diesen braven und netten
Leuten wirklich ein Sünder sein, retten
lässt sich so ohne weiteres keiner.

Was siehst du mich an, bin ich etwa einer,
ein Sünder? O Herr, erbarme dich meiner.[45]

---

[45] Aus: Lothar Zenetti, Auf Seiner Spur. Texte gläubiger Zuversicht, © Matthias-Grünewald-Verlag der Schwabenverlag AG, Ostfildern 2011 <www.verlagsgruppe-patmos.de>.

Petrus verleugnet Jesus (Joh 18,15–18.25–27; 21,15–19)

Die Situation des Bildes ist klar erkennbar: In der linken Bildhälfte sind jene Menschen zu sehen, die Petrus auf seine Zugehörigkeit zu Christus ansprechen. Einer ihrer Arme weist jeweils auf Christus, der andere auf Petrus. Ihre Blicke sind auf Petrus gerichtet, der am unteren Bildrand dargestellt ist. Petrus hat sein Gesicht in den Händen verborgen und weint, weil er Jesus dreimal verleugnet hat. Der krähende Hahn in der rechten Bildhälfte hat ihn an Jesu Voraussage erinnert und ihm sein Versagen bewusst gemacht. Auch der gebundene Jesus schaut Petrus an – nicht vorwurfsvoll, sondern mit bekümmertem Gesichtsausdruck.

Hans Georg Anniès hat bereits Züge des nachfolgenden Passions- und Kreuzigungsgeschehens in die Darstellung der Verleugnung Jesu durch Petrus einbezogen, wie denn das *Todesurteil* des Hohen Rates gegen Jesus (Mk 14,64) den Mut des Petrus (Mk 14,54 – s. dazu 14,50) erschütterte (Mk 14,66–72): Jesus trägt bereits die Dornenkrone. Auch sein Kreuz ist in das Bild eingezeichnet: Der goldorange, das dunkle Bild vertikal teilende Streifen bildet den Kreuzesstamm, während ein hellerer violetter Streifen in der Bildmitte den Kreuzesbalken wiedergibt. Der Kreuzesbalken wird unten von einer Mauer, durch deren Öffnung Petrus gerade heraustritt, und oben von einem Gebäude (dem Palast des Hohenpriesters) begrenzt.

Insgesamt ist die Kreidezeichnung dunkel. Es überwiegen *Blau* und *Violett*. Blau ist die Farbe der Vergänglichkeit, wie Jesus der Tod unmittelbar bevorsteht. Violett entsteht durch eine Mischung von Blau (Vergänglichkeit) und Rot (Leben/Liebe): Jesus wird sein Leben aus Liebe zu Gott und uns Menschen dahingeben.

Die Dunkelheit des Bildes bringt zum Ausdruck, dass Angst (Petrus) und Hoffnungslosigkeit das irdische, vergängliche Leben prägen („Finsternis"). Doch diese Finsternis wird von Gottes Liebe überwunden: Der helle vertikale Streifen von oben nach unten durchbricht die Finsternis. Dieser Streifen ist zweifarbig: Mit Goldgelb wird die Nähe Gottes wiedergegeben, während die Farbe Rot Gottes ewiges Leben, seine Liebe, seine Barmherzigkeit und seine Treue uns Menschen gegenüber zum Ausdruck bringt.

Der von Gott zu uns Menschen gesandte Christus steht ganz im Lichte Gottes. Seine gebundenen, *gekreuzten* Arme und Hände verbinden die Farben Gold und Rot, also die Nähe und Liebe Gottes, die wir Menschen durch Christus erfahren. Gerade das Kreuz („Kreuz der Arme") ist das Zeichen der Liebe Gottes und Christi zu uns Menschen (z.B. Joh 3,16; 15,13; Röm 8,31–32; Hebr 4,15–16). Mit seiner Kreuzigung – seiner Hingabe für uns Menschen – eröffnet Christus uns Menschen den freien Zugang zu Gott (Hebr 10,20). Diese Verheißung gilt auch Petrus, der seinen Herrn soeben verleugnet hat. Er steht noch im Lichte Gottes. Auf ihm ruht der bekümmerte Blick Christi, auch wenn er selber sich von Christus abgewendet hat. So hat Hans Georg Anniès eine Darstellung dieses Geschehens geliefert, die Hoffnung für Menschen enthält, denen es an Mut zum Bekenntnis Christi fehlt.

Wenn wir dich, Herr, beim Namen nennen,
wenn wir die Treue dir bewahr'n,
wenn wir dich öffentlich bekennen,
wird man uns Leiden nicht erspar'n.

Es werden heut in vielen Ländern
die Christen mit dem Tod bedroht.
Warum willst, Herr, du das nicht ändern?
Warum wehrst du nicht ihrer Not?

Bei uns ist Christsein eine Sache,
der öffentlich man sich geniert
aus Angst vor Spott und vor Gelache,
Bekenner werden isoliert.

Warum lässt du dich schmähen, lästern?
Warum schaffst du dir nicht Respekt?
Lässt dich verleugnen, heute, gestern,
hältst deine volle Macht versteckt?

Du bist als Mensch zu uns gekommen,
littst selber Schmähung, Kreuz und Pein.
Hast unser Los auf dich genommen
und wolltest unser Bruder sein.

Wir nehmen Teil an deiner Ohnmacht.
Es ist genug! Wie lange noch
willst du dein Reich verborgen halten?
Ach Herr, am Ende siegst du doch!

„Ecce homo“ – „Seht, welch ein Mensch!“ (Joh 19,5)

Joh 19,5: „Und Jesus kam heraus und trug die Dornenkrone und das Purpurgewand. Und Pilatus spricht zu ihnen: ***Seht, welch ein Mensch!***“

Zu dieser eindrucksvollen Grafik von Hans Georg Anniès braucht nicht viel gesagt zu werden. „Seht, welch ein Mensch!“ *Welch ein Mensch?* Mich erinnert diese Darstellung an den leidenden Gottesknecht von Jesaja 53,4–7: „Fürwahr, er trug unsre Krankheit und lud auf sich unsre Schmerzen. Wir aber hielten ihn für den, der geplagt und von Gott geschlagen und gemartert wäre. Aber er ist um unserer Missetat[46] willen verwundet und um unsrer Sünde willen zerschlagen. Die Strafe liegt auf ihm, auf dass wir Frieden hätten, und durch seine Wunden sind wir geheilt ... Als er gemartert ward, litt er doch willig und tat seinen Mund nicht auf wie ein Lamm, das zur Schlachtbank geführt wird.“

„Seht, welch ein Mensch!“ Ein Mensch mit einem demütig geneigten, leidvollen und dornengekrönten Haupt, der schweigt. Seinem Haupt gegenüber sehen wir übergroße, gefesselte Hände. Ihre Haltung bringt zum Ausdruck, dass Jesus sein Leben ganz im Gehorsam gegen Gott (Mt 26,39.42.44; Phil 2,8; Hebr 5,7–8) für uns Menschen *dahingibt.*

In seiner unbedingten Gottes- und Nächstenliebe ist Jesus *der* Mensch, wie Gott ihn bei seiner Schöpfung gemeint hat (1. Mose 1,27; 1. Kor 15,21–22; Röm 4,12–20). *Einmal* hat ein Mensch ganz so gelebt, wie es Gottes Willen entsprach. Um des Gehorsam dieses *Einen* willen will Gott uns Menschen allen die Sünden vergeben (z.B. 2. Kor 5,19–21).

> Du großer Schmerzensmann, / vom Vater so geschlagen, / Herr Jesu, dir sei Dank / für alle deine Plagen: / für deine Seelenangst, / für deine Band und Not, / für deine Geißelung, / für deinen bittern Tod.
>
> Ach das hat unsre Sünd / und Missetat verschuldet, / was du an unsrer Statt, / was du für uns erduldet. / Ach unsre Sünde bringt / dich an das Kreuz hinan; / o unbeflecktes Lamm, / was hast du sonst getan?
>
> Dein Kampf ist unser Sieg, / dein Tod ist unser Leben; / in deinen Banden ist / die Freiheit uns gegeben. / Dein Kreuz ist unser Trost, / die Wunden unser Heil, / dein Blut das Lösegeld, / der armen Sünder Teil.
>
> Lass deine Wunden sein / die Heilung unsrer Sünden, / lass uns auf deinen Tod / den Trost im Tode gründen. / O Jesu, lass an uns / durch dein Kreuz, Angst und Pein / dein Leiden, Kreuz und Angst / ja nicht verloren sein.[47]

---

[46] = Abfall von Gott, Untreue Gott gegenüber.

[47] EG 87: „Du großer Schmerzensmann“ von Adam Thebesius (1652).

IHR WERDET DIE KRAFT DES
HEILIGEN GEISTES
EMPFANGEN UND WERDET
MEINE ZEUGEN
SEIN - APOSTELGESCH - 1/8

In diese vielschichtige Grafik von Hans Georg Anniès muss man sich etwas „hineinlesen“: Das Bild setzt sich zusammen aus hellen Flächen und orangeroten, die das „Feuer“ des Heiligen Geistes (Apg 2,3) symbolisieren. Kontrastreich wirken der dunkelgrün gehaltene Wortblock und drei Menschen auf dem hellen und orangeroten Hintergrund. Grün ist die Farbe des Lebens und damit zugleich ebenfalls eine Farbe des Heiligen Geistes.[48]

Hinter dem Wortblock von Apg 1,8 und den drei Menschen ist eine weiße Taube – Symbol des Heiligen Geistes (Mk 1,10) – erkennbar. Die Taube bringt eine Bewegung von oben (Gott) nach unten (Menschen) ins Bild (s.u.). Über der Taube und zugleich flächig mit ihr verbunden sind stilisierte Flammen oder auch Tropfen („Ausgießung“ des Heiligen Geistes [Apg 2,17–18]) zu erkennen, die auf Apg 2,3 hinweisen: „Und es erschienen ihnen Zungen, zerteilt wie von Feuer [rotorange Grundfarbe der Grafik]; und er (der Heilige Geist) setzte sich auf einen jeden von ihnen“.

Der Wortblock mit Jesu Verheißung des Heiligen Geistes (Apg 1,8) – er ist in der grünen Farbe des Lebens wiedergegeben („Geist des Lebens“) – hebt die Worte „Heiliger Geist“ und „meine Zeugen“ hervor: Der Heilige Geist befähigt uns, *Zeugen Jesu Christi* in dieser Welt – in unserer Umwelt – zu sein. Entsprechend ist auch die Farbe der von der Kraft des Heiligen Geistes beeinflussten Menschengruppe grün.

Der Wortblock mit Jesu Verheißung und Auftrag ist das „Fundament“ der drei Menschen. Wenn man genau hinschaut, ist dreimal derselbe Mensch dargestellt, doch in jeweils unterschiedlicher Situation: Zunächst als kraftloser Mensch „am Boden“, der der tätigen Hilfe (ein Mensch beugt sich zu ihm herab) und des richtungweisenden, Hoffnung schenkenden Wortes (ein Mensch weist „nach oben“) in der Kraft des Heiligen Geistes bedarf (Apg 2,22–36; 2,37–38 und 10,38). Durch die Kraft und den Einfluss des Heiligen Geistes (grüne Farbe der Menschengruppe) werden wir aufgerichtet (Mensch „am Boden“), werden wir zu tätiger Hilfe (helfender Mensch) und zum Zeugendienst für den zu Gott erhöhten Christus („nach oben“ weisender Mensch) befähigt.

Der Bewegung der Taube von oben nach unten – „Ihr werdet die Kraft des Heiligen Geistes empfangen ...“ – steht eine Bewegung von unten nach oben gegenüber, die vom Wortblock am unteren Bildrand ausgeht und bei der linken Hand des nach oben weisenden Menschen endet: „... und werdet *meine* Zeugen sein“.

---

[48] Der Heilige Geist ist der „Geist des Lebens“: vgl. Joh 6, 63; 2.Kor 3,6.

O komm, du Geist der Wahrheit, / und kehre bei uns ein, / verbreite Licht und Klarheit, / verbanne Trug und Schein. / Gieß aus dein heilig Feuer, / rühr Herz und Lippen an, / dass jeglicher getreuer / den Herrn bekennen kann.

O du, den unser größter / Regent uns zugesagt: / Komm zu uns, werter Tröster, und mach uns unverzagt. / Gib uns in dieser schlaffen / und glaubensarmen Zeit die scharf geschliffnen Waffen / der ersten Christenheit.

Es gilt ein frei Geständnis / in dieser unsrer Zeit, / ein offenes Bekenntnis / bei allem Widerstreit, / trotz aller Feinde Toben, / trotz allem Heidentum / zu preisen und zu loben / das Evangelium.

Du Heilger Geist, bereite / ein Pfingstfest nah und fern; / mit deiner Kraft begleite das Zeugnis von dem Herrn. / O öffne du die Herzen / der Welt und uns den Mund, / dass wir in Freud und Schmerzen / das Heil ihr machen kund.[49]

„Gott mehr gehorchen als Menschen" (Apg 5,29)

[49] EG 136: „O komm, du Geist der Wahrheit" von Philipp Spitta (1827).

„Jemandem ge**hor**chen" bedeutet so viel wie „auf jemanden ***hör***en". Dass man mehr auf *Gott* hören muss als auf *Menschen*, kommt in der Grafik von Hans Georg Anniès zu Apg 5,29 – „Man muss Gott mehr gehorchen als den Menschen" – optisch so zum Ausdruck, dass die Worte „Gott mehr" am größten und die Worte „als den Menschen" am kleinsten ausgeführt sind. Die äußere Form der Grafik entspricht einem Quadrat, das die irdische Welt symbolisiert (z.B.. Jes 11,12): Das Wort des Petrus von Apg 5,29 hat also weltweite Bedeutung.

Innerhalb der Grafik gibt es – diagonal betrachtet – eine stufenartige Abwärts- und eine stufenartige Aufwärtsbewegung. Die *Abwärtsbewegung* wird mit den beiden weißen Flächen links oben und rechts unten zum Ausdruck gebracht. Anniès hat dabei an Menschen gedacht, die um der Karriere, des Vorteils oder auch um der Bequemlichkeit willen dem staatlichen oder gesellschaftlichen Druck nachgeben und auf Menschen mehr hören als auf Gott (vgl. Mk 4,16–19). Sie verleugnen das, was sie vom christlichen Glauben erkannt haben und bringen die Stimme ihres Gewissens zum Schweigen. Ein solches Verhalten führt „bergab".

Wer allerdings seiner christlichen Überzeugung treu ist (= Gott gehorcht), dessen Weg führt „nach oben". Das Bibelwort „Man muss Gott mehr gehorchen als den Menschen" ist grafisch so gestaltet, dass es eine stufenartige *Aufwärtsbewegung* von links unten nach rechts oben wiedergibt. Trotz Benachteiligungen – Hans Georg Anniès hat die Grafik im Bewusstsein seines persönlichen Erlebens zu DDR-Zeiten geschaffen – und trotz möglichen Leidens (Apg 5,40) geht es im Leben des auf Gott hörenden Menschen aufwärts: Die Jünger „gingen aber *fröhlich* von dem Hohen Rat fort, weil sie würdig gewesen waren, um Seines Namens willen Schmach zu leiden" (5,41).

Das mögliche Leiden des Gott treuen, d.h. Gott gehorsamen Menschen ist in der Grafik zum einen mit der dunkelroten Farbe (Blut) und zum anderen in Gestalt eines angedeuteten Kreuzes wiedergegeben. Sein Querbalken wird durch die Worte „Gott mehr gehorchen" und der Kreuzesstamm durch die Senkrechte in der Mitte der Grafik dargestellt. Das angedeutete Kreuz und die dominierende Aufwärtsbewegung des Bibelwortes wollen die positive Aussage der Grafik *gemeinsam* zum Ausdruck bringen:

Einmal kann man sie auf das Geschick Jesu Christi beziehen, der Gott mehr gehorchte als den Menschen „bis zum Tode am Kreuz" (Phil 2,8). Von seinem aufwärts führenden Lebensweg heißt es in Lk 24,26: „Musste nicht Christus dies erleiden und in seine Herrlichkeit eingehen?" Des Weiteren ist die positive Aussage der Grafik auf das Geschick der Menschen zu beziehen, die Jesus

Christus im Gehorsam gegen Gott nachfolgen: „Gott aber sei Dank, der uns den Sieg gibt durch unseren Herrn Jesus Christus! Darum, meine lieben Brüder, seid fest, unerschütterlich und nehmt immer zu in dem Werk des Herrn, weil ihr wisst, dass eure Arbeit (= Mühsal) nicht vergeblich ist in dem Herrn" (1.Kor 15,57–58).

Selig sind alle, die dieses verstehen:
Wir sind nur Menschen, Diener des Herrn.
Die sich im Geiste als Arme ansehen,
Sie sind dem Reiche Gottes nicht fern.

Selig sind alle, die Leid müssen tragen.
Gott tröstet sie, wenn Not sie anficht.
Selig, die lauter und rein nach ihm fragen:
Sie werden schaun des Herrn Angesicht.

Selig sind, die sich zum Frieden bekennen,
die danach handeln in Wort und Tat.
Gott der Herr wird „meine Kinder" sie nennen.
Selig, wen Gott gesegnet so hat.

Selig seid ihr, wenn die Menschen euch fluchen,
um meinetwillen machen zu Spott,
wenn sie euch schmähen, verfolgen, versuchen,
nichts wird euch scheiden von eurem Gott.[50]

[50] Biblische Grundlage: Jesu Seligpreisungen in Mt 5,3–11.

Ewiges Leben durch Christus (Röm 6,23)

Die Grafik will Röm 6,23 *gleichnishaft* abbilden: „Die Gabe Gottes ist das ewige Leben in Christus Jesus, unserem Herrn“. Unschwer ist das Kreuz Jesu zu erkennen, dessen Form – es handelt sich um das griechische Osterkreuz mit gleichlangen Armen (crux quadrata) – der Künstler ausgewählt hat, um den Sieg Jesu über „Sünde, Tod und Teufel“ darzustellen (Joh 12,31–33; 1. Kor 15,54–57). Auf Jesu Kreuzigung folgte seine Auferweckung durch Gott für uns Menschen (Röm 4,25): „Nun aber ist Christus auferstanden von den Toten als Erstling (= erster) unter denen, die entschlafen sind ... Denn wie sie in Adam (= als sündige Menschen) alle sterben, so werden sie in Christus alle lebendig gemacht werden“ (1. Kor 15,20.22). Diese Verheißung gilt allen Menschen; entsprechend hat Hans Georg Anniès das Kreuz in die Welt eingezeichnet, die – der biblischen Redeweise von den „vier Enden (Ecken) der Erde“ folgend (Jes 11,12; Offb

7,1; 20,8) – als Quadrat dargestellt ist. Im Vertrauen auf Jesu Kreuz und Auferweckung werden wir Teilhaber an seinem Sieg über „Sünde, Tod und Teufel“: „Gott aber sei Dank, der uns den Sieg gibt durch unsern Herrn Jesus Christus“ (1. Kor 15,57). „Denn der Sünde Sold ist der Tod; die Gabe Gottes aber ist das ewige Leben in Christus Jesus, unserm Herrn“ (Röm 6,23). Weil Grün die Farbe des Lebens ist, ist die gesamte Grafik von einem dunklen Grün geprägt.

Wie sollen wir an das irdische Leben gebundenen Menschen uns das ewige Leben vorstellen? Die Bibel kann von diesem im Grunde unvorstellbaren Leben in Gottes direkter Gemeinschaft nur in Bilden und Vergleichen sprechen: Lazarus wird „von den Engeln in Abrahams Schoß getragen“ (Lk 16,22). Zu einem der Mitgekreuzigten sagt Jesus: „Wahrlich, ich sage dir: Heute wirst du mit mir im Paradies sein“ (Lk 23,43). Der Seher Johannes (z.B. Offb 1,11) bemüht sich, die Herrlichkeit des ewigen Lebens bei Gott so zum Ausdruck zu bringen, dass er den Lesern der Offenbarung ein eindrucksvolles Bild von der Pracht des „neuen Jerusalems“ vor Augen malt (Offb 21–22).

Gerne wird in der Bibel der Vergleich des Aussäens des Samenkorns herangezogen, um das irdische, vergängliche und das ewige Leben miteinander in Beziehung zu setzen. So sagt Paulus in 1. Kor 15, dem „Hohelied der Hoffnung“: „Es wird gesät verweslich und wird auferstehen unverweslich. Es wird gesät in Niedrigkeit und wird auferstehen in Herrlichkeit. Es wird gesät in Armseligkeit und wird auferstehen in Kraft. Es wird gesät ein natürlicher Leib und wird auferstehen ein geistlicher Leib“ (1. Kor 15,42–44). Im Johannesevangelium wird die Bedeutung von Jesu Kreuzigung und Erhöhung für uns Menschen ebenfalls mit dem Bild von der Aussaat des Samenkorns zum Ausdruck gebracht: „Wenn das Weizenkorn nicht in die Erde fällt und erstirbt, bleibt es allein; wenn es aber erstirbt, bringt es viel Frucht“ (Joh 12,24).

Um die unvorstellbare „Gabe des ewigen Lebens“, von der in Röm 6,23 die Rede ist, grafisch darzustellen, hat Hans Georg Anniès auf den biblischen Vergleich von der Aussaat des Samenkorns zurückgegriffen, wie er bei Paulus und beim Evangelisten Johannes zu finden ist. Weiße Bögen prägen die Grafik. Sie sind nicht – wie man auf den ersten Blick meinen könnte – als Regenbogen zu verstehen, sondern die einzelnen Bögen haben jeweils die Form eines (halben) Samenkorns. Mehrere Bögen weisen darauf hin, dass sich das Samenkorn vervielfältigt (Mk 4,8) und „viel Frucht bringt“ (Joh 12,24); entsprechend geht eine Bewegung von den kleineren zu den größeren Bögen aus. Die größeren Bögen sprengen die Form des Quadrats, das die Erde symbolisiert: Das ewige Leben ist größer als das begrenzte, an die irdische Welt gebundene Leben. So sagt Christus im Johannesevangelium: „Ich habe die Welt überwunden“ (Joh 16, 33).

Als Glaubende haben wir Teil an Jesu Sieg: „Unser Glaube ist der Sieg, der die Welt überwunden hat“ (1. Joh 5,4). Mit der „Welt“ ist hier die gottentfremdete, vergängliche irdische Welt gemeint.

Die Grafik von Hans Georg Anniès enthält noch weitere Aussagen zum Verhältnis von irdischem und ewigem Leben: Die nach oben weisenden Bögen der oberen Bildhälfte stehen für das ewige Leben bei Gott in der Vollendung, während die unteren, kleineren Bögen das irdische Leben der an Christus Glaubenden repräsentieren, das aber den Keim des ewigen Lebens bereits in sich trägt: „Wer mein Wort hört und glaubt dem, der mich gesandt hat, der *hat* das ewige Leben und kommt nicht in das Gericht, sondern er ist vom Tode zum Leben hindurchgedrungen“ (Joh 5,24). Die Bögen der oberen und unteren Bildhälfte stehen einander gegenüber, sie sind nicht miteinander identisch: Auch wenn wir vom Tode – d.h. von einem Leben ohne Gott – zu einem Leben mit Gott bis in Ewigkeit bereits „hindurchgedrungen“ (Joh 5,24) sind, so haben wir doch den physischen Tod, das Ende unseres irdischen Lebens noch vor uns. Erst danach wird uns das ungetrübte, vollendete Leben mit Christus und Gott in der Ewigkeit zuteil. – Wenn man die Bögen der oberen und der unteren Bildhälfte mit Händen vergleicht, sind die oberen Bögen in gebender und die unteren in empfangender Haltung gestaltet: „Die *Gabe* Gottes ist das ewige Leben in Christus Jesus, unserm Herrn“ (Röm 6,23).

Ehre sei dem Vater,
der uns ruft zum Leben.
Ehre sei dem Sohne,
der sich uns gegeben.
Ehre sei dem Geiste,
höre unsre Bitte:
Auf den Weg des Lebens
lenke unsre Schritte.
Führ uns durch die Zeit
in die Ewigkeit.

„Nehmt einander an, wie Christus euch angenommen hat“ (Röm 15,7)

Mit der vorliegenden Grafik will Hans Georg Anniès das unten rechts in einer Tafel begegnende Wort von Röm 15,7 optisch wiedergeben: „Nehmt einander an, wie Christus uns angenommen hat". Es fallen helle ovale Bögen auf. Gelbgrüne und blaue Rechtecke umrahmen sie. Ein großer dunkelgrüner Kreis ist im Hintergrund zu sehen. Die sehr unterschiedlichen Rechtecke symbolisieren den Lebensraum verschiedenartiger Christen. Diese Menschen werden durch Röm 15,7 dazu aufgefordert, „einander anzunehmen". Die ovalen Bögen in den Rechtecken machen sichtbar, dass die angesprochenen Menschen dieser Aufforderung nachkommen: Die Bögen stilisieren eine Umarmungsgebärde; die Menschen gehen mit offenen Armen aufeinander zu; ihre Arme greifen ineinander.

Die unterschiedlichen Rechtecke der Grafik sind in tiefem Blau und mit gelber Farbe wiedergegeben. Blau und Gelb sind polare Farben, wie sich in der Grafik zwei unterschiedliche Menschengruppen gegenüberstehen: Nach Röm 14–15 denkt der Apostel Paulus an miteinander im Unfrieden lebende römische Gemeindegruppierungen, die sich gegenseitig das Recht absprachen, „richtige" Christen zu sein. Paulus charakterisiert sie als die „Schwachen" und die „Starken". Die „Schwachen" hielten sich an bestimmte Regeln, die nach ihrer Überzeugung für die ganze Gemeinde verbindlich sein sollten. Die „Starken" empfanden solche Regeln als Einschränkung ihrer christlichen Freiheit und fühlten sich über die „Schwachen", die solche „Krücken" für ihr Christsein brauchten, erhaben.

Paulus versucht im Römerbrief, beide Gemeindegruppen einander anzunähern. Seine diesbezüglichen Ausführungen in Röm 14–15 gipfeln in der Bitte: „Nehmt einander an, wie Christus euch angenommen hat zu Gottes Lob." Wo gegensätzliche Menschen aufeinander zugehen und einander annehmen, da kommt es zur Vereinigung, die *Kompromisse* einschließt. Hans Georg Anniès hat die gewonnene Einheit farblich so zum Ausdruck gebracht, dass er die blauen und gelben Rechtecke, die die Menschen in ihrer Unterschiedlichkeit symbolisieren, zum Teil übereinander setzte, so dass grüne Flächen – eine Mischung aus Blau und Gelb – entstanden. Diese Farbe der Vereinigung prägt auch den im Hintergrund der Rechtecke befindlichen großen Kreis, der die Einheit der Gemeinde versinnbildlicht.

Deutlich erkennbar bilden die Rechtecke insgesamt ein Kreuz, dessen Zentrum mit dem Zentrum des Kreises zusammenfällt. Das Kreuz Christi ist der Grund und die Motivation für die gegenseitige Annahme von Christen unterschiedlicher Prägung. Christus ist nicht nur für mich gestorben, sondern auch für die

Menschen, die ihr Christsein ganz anders leben als ich (Röm 14,15). Weil Christus uns alle annimmt, sollen auch wir einander annehmen (Röm 15,7). Wo das geschieht, da wird die Einheit der Gemeinde (großer Kreis) Wirklichkeit, um die Jesus Gott in Joh 17,20–21 bittet: „Ich bitte aber nicht allein für sie (meine Jünger), sondern auch für die, die durch ihr Wort an mich glauben werden, damit sie alle eins seien. Wie du, Vater, in mir bist und ich in dir, so sollen auch sie in uns sein, damit die Welt glaube, dass du mich gesandt hast." In diesem Sinne schreibt auch Paulus an die Christen in der damaligen Welthauptstadt Rom: „Gott, der Geduld und Mut schenkt, gebe euch, dass ihr alle in der gleichen Gesinnung miteinander verbunden seid, so wie es Jesus Christus gemäß ist. Dann werdet ihr alle einmütig und wie aus einem Munde den Gott und Vater unseres Herrn Jesus Christus preisen" (Röm 15,5–7 [Gute Nachricht Bibel).

Das sollt ihr, Jesu Jünger, nie vergessen:
wir sind, die wir von einem Brote essen,
aus einem Kelche trinken, Jesu Glieder,
Schwestern und Brüder.

Wenn wir in Frieden beieinander wohnten,
Gebeugte stärkten und die Schwachen schonten,
dann würden wir den letzten heilgen Willen
des Herrn erfüllen.

Ach dazu müsse deine Lieb uns dringen!
Du wollest, Herr, dies große Werk vollbringen,
dass unter einem Hirten eine Herde
aus allen werde.[51]

---

[51] EG 221: „Das sollt ihr Jünger Jesu nie vergessen" von Johann A. Cramer (1780).

„Als aber die Zeit erfüllt war, sandte Gott seinen Sohn" (Gal 4,4–5)

Die Beine und die Stiefel/Schuhe um das Krippenkind herum ergeben einen „Kreislauf", Ausdruck der Gefangenschaft und Gebundenheit des menschlichen Lebens. Gefangene gehen im Gefängnishof im Kreis. Mittendrin liegt Christus und schaut uns Betrachter der Grafik an. Er breitet die bereits von den Nägelmalen seiner späteren Kreuzigung gezeichneten Hände einladend aus und spricht zu uns:

„Bleib doch stehen, halt ein im Rennen um Dich selbst.
Halt ein im Rennen nach Glück und Erfolg.
Ich strecke meine Hände nach Dir aus;
wage es doch, den Kreislauf durchbrechen zu lassen:
den sinnlosen Kreislauf, jeder ist sich selbst der Nächste;
den sinnlosen Kreislauf der Gewalt, der Macht und Stärke;
den sinnlosen Kreislauf des Gefangenseins in Ideologien, politischen
und weltanschaulichen Doktrinen und Vorurteilen;
den sinnlosen Kreislauf der Hoffnungslosigkeit und Resignation;
den sinnlosen Kreislauf des Jagens nach Glück, nach Lust und Vergnügen;
den sinnlosen Kreislauf des Kämpfens um Einfluss, Ehre und Erfolg;
den sinnlosen Kreislauf des sich Verlassens auf eigene Kraft und Stärke;
den sinnlosen Kreislauf ... des sich selbst zum Maßstab Machens;[52]
den sinnlosen Kreislauf, voranzukommen auf Kosten der anderen;
den sinnlosen Kreislauf des sich Gefangennehmenlassens
von seinen Aufgaben und Terminen;
den sinnlosen Kreislauf, an jedem und allem interessiert ... sein [zu müssen],
mitzumachen bei dem, was halt gerade ‚in' ist,
sich treiben zu lassen vom Strom der Zeit".[53]

Christus liegt in einer *Krippe*, die als kräftiges *Viereck* – Symbol für die Welt (z.B. Jes 11,12) – gestaltet ist. Seine Gestalt durchbricht das Viereck, d.h. er überwindet die Gebundenheit des Menschen an die Welt (Joh 16,33). Entsprechend gehen Strahlen vom Christuskind aus und treffen auf die es umgebenden Menschen. Wenn man genau hinschaut, dann wird der „Kreislauf" bereits von einigen Menschen unterbrochen: Die Füße des Menschen in der Mitte rechts *stehen*, dem Kind zugewandt; zwei Fußpaare in der linken Bildmitte laufen ebenfalls nicht mit: Die Beine des oberen Menschen sind in knieender (= anbetender) Haltung dargestellt, während die schuhlosen Füße einem Menschen angehören, der die Nähe Gottes in Christus spürt [vgl. 2. Mose 3,5]).

Jesus liegt am Boden. Die Schuhe und Stiefel – besonders eindrücklich die Soldatenstiefel oberhalb des Christushauptes – scheinen ihn zu zertreten. Doch Gott bewahrt ihm sein Leben: am Anfang (Mt 2) – während seines öffentlichen Wirkens (z.B. Lk 4,29–30; Joh 7,30) – und durch den Tod am Kreuz hindurch (z.B. Lk 24,26.46). So schafft Gott Heil für alle Völker und Menschen (z.B. Lk 24,47).

---

[52] Auch in religiösen Fragen.

[53] Gerhard Kiefer, in: Zeichen, Lebenszeichen, Hoffnungszeichen. Bilder von H. G. Anniès herausgegeben von E. Dieterich, Löwensteiner Materialdienst 1988 S. 84.

Die gesamte Grafik lässt eine *Uhr* assoziieren: Die Zeiger werden durch das Christuskind und das Zifferblatt durch die Beine wiedergegeben. Damit veranschaulicht Hans Georg Anniès Gal 4,4–5: „Als aber die Zeit erfüllt war, sandte Gott seinen Sohn, geboren von einer Frau und unter das Gesetz getan, damit er die, die unter dem Gesetz waren, erlöste, damit wir die Kindschaft empfingen" (Gal 4,4–5). Diese Verse sprechen von einer Gefangenschaft unter dem *Gesetz* (s.o. „Kreislauf")[54], von der uns Christus erlöst, indem er uns zu einem Leben als *Kinder Gottes mit Gott* befreit (Gal 5,1; Joh 1,11–12).

> Fröhlich soll mein Herze springen / dieser Zeit, da vor Freud
> alle Engel singen. / Hört, hört, wie mit vollen Chören / alle Luft
> laute ruft: / Christus ist geboren!
>
> Heute geht aus seiner Kammer / Gottes Held, der die Welt
> reißt aus allem Jammer. / Gott wird Mensch dir, Mensch, zugute,
> Gottes Kind, das verbindt / sich mit unserm Blute.
>
> Er nimmt auf sich, was auf Erden / wir getan, gibt sich dran,
> unser Lamm zu werden, / unser Lamm, das für uns stirbet
> und bei Gott für den Tod / Gnad und Fried erwirbet.
>
> Nun er liegt in seiner Krippen, / ruft zu sich mich und dich,
> spricht mit süßen Lippen: / „Lasset fahrn, o liebe Brüder,
> was euch quält, was euch fehlt; / ich bring alles wieder."
>
> Die ihr schwebt in großem Leide, / sehet, hier ist die Tür
> zu der wahren Freude; / fasst ihn wohl, er wird euch führen
> an den Ort, da hinfort / euch kein Kreuz wird rühren.
>
> Die ihr arm seid und elende, / kommt herbei, füllet frei
> eures Glaubens Hände. / Hier sind alle guten Gaben
> und das Gold, da ihr sollt / euer Herz mit laben.
>
> Ich will dich mit Fleiß bewahren; / ich will dir leben hier,
> dir will ich hinfahren; / mit dir will ich endlich schweben
> voller Freud ohne Zeit / dort im andern Leben.[55]

---

[54] Mit dem Leben „unter dem Gesetz" meint Paulus das vergebliche Bemühen des Menschen, sich aus eigener Kraft durch das Halten der Gebote oder durch gute Werke das ewige Leben bei Gott verdienen zu können (z.B. Gal 2,16+20; Röm 3,19–20.24.28). Die „Macht der Sünde" hindert den Menschen daran (z.B. Röm 7,14–24).

[55] EG 36: „Fröhlich soll mein Herze springen" von Paul Gerhardt (1653).

„Christus ist unser Friede“ (Eph 2,14)

Die Worte aus Eph 2,14 „Christus ist unser Friede“ sind von Hans Georg Anniès in der Grafik so wiedergegeben, dass Form und Inhalt eine untrennbare Einheit bilden. Die Grafik wird geprägt durch die Formelemente des Quadrats und des Kreises. Die gesamte Darstellung bildet ein Quadrat, in dem wiederum vier quadratische Wortblöcke durch ein Kreuz voneinander abgehoben sind. Wenn man sich etwas in die Grafik vertieft, kann man oben links das Wort „Chri-stus“, rechts daneben „ist“, unten links „unser“ und unten rechts „Frie-de“ (plus Bibelstellenangabe) lesen. Anniès hat auf diese Weise die endliche Welt so dargestellt, wie in der Bibel von den „vier Enden der Erde“ die Rede ist

(Offb 20,8; Jes 11,12). Der ganzen Welt – Juden und Heiden – gilt das Erlösungswerk Christi, das in der Grafik durch das Kreuz symbolisiert wird: „Denn ER ist unser Friede, der aus beiden (= Juden und Heiden) *eines* gemacht hat ... Durch das Opfer seines Leibes hat er abgetan das Gesetz mit seinen Geboten und Satzungen, damit er in sich selber aus den zweien *einen neuen* Menschen schaffe und Frieden mache und die beiden versöhne mit Gott in *einem* Leib (= in der Kirche) durch das Kreuz" (Eph 2,14–16a).

Die vier Enden der Erde und das Kreuz werden von einem Kreis erfasst. Der Kreis ist ein Symbol für Vollkommenheit und Unendlichkeit. Christi Erlösungswerk durch das Kreuz zielt auf die vollkommene Einheit des neuen Gottesvolkes aus Juden und Heiden. „Christus ist unser Friede": Damit ist einmal die neue Gemeinschaft der Christen – seien sie als Juden oder als Heiden geboren – gemeint wie auch die neue Gemeinschaft zwischen Gott und uns Menschen, der Friede mit Gott. Darum heißt es in Eph 2,17–18: „Und er ist gekommen und hat im Evangelium Frieden verkündigt euch, die ihr fern wart (= den Heiden), und Frieden denen, die nahe waren (= den Angehörigen von Gottes Volk Israel). Denn durch ihn haben wir alle beide in *einem* Geist den Zugang zum Vater." Nicht nur im irdischen Leben, sondern auch in Ewigkeit, wie es das die Erde erfassende Symbol des Kreises – Sinnbild der Unendlichkeit – und die goldene Grundfarbe des Reiches Gottes vor Augen führen.

Es ist in keinem andern Heil,
kein Name sonst gegeben,
in dem uns Gnade wird zuteil
und Fried und ewges Leben,
als nur der Name Jesus Christ,
der selig macht und Retter ist:
Ihm sei Lob, Preis und Ehre.

Herr Christ, um deines Namens Ehr
halt uns in deinem Frieden,
den Glauben stärk, die Liebe mehr',
dein Gnad sei uns beschieden;
gib Hoffnung uns in dieser Zeit,
führ uns zu deiner Herrlichkeit.
Dir sei Lob, Preis und Ehre![56]

[56] EG 356: „Es ist in keinem andern Heil" von Johann A. Freylinghausen (1714).

Dient einander mit Gottes Gaben (1. Petr 4,10)

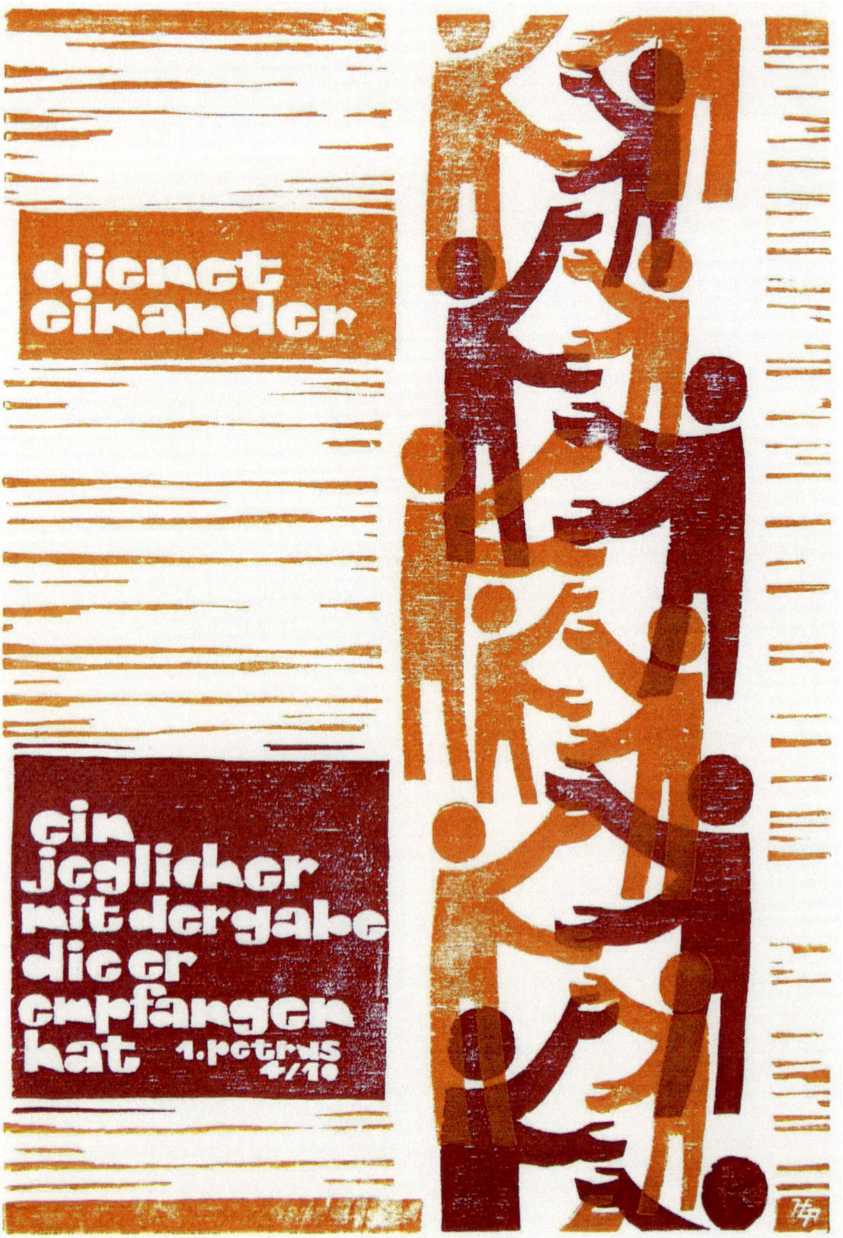

Die Grafik besteht aus zwei unterschiedlichen Hälften, die sich gegenseitig interpretieren: Die linke Hälfte wird von dem Spruch 1. Petr 4,10 geprägt. Die Aufforderung „Dienet einander“ ist von der Präzisierung dieses Aufrufs im unteren Bildteil abgesetzt: „ein jeglicher mit der Gabe, *die er empfangen hat*“: Der Imperativ (Auf*gabe*) gründet auf einem Indikativ (*Gabe*); niemand wird überfordert.

In der rechten Bildhälfte sieht man eine Menschenkette. Jeder von uns ist ein Glied in dieser Kette. Die Menschen stehen einander mit offenen Armen als Gebende und Nehmende gegenüber, so wie das Leben ein Geben und ein Nehmen ist. Die Menschenkette bringt also den Aufruf „Dient *einander*“ bildlich zum Ausdruck.

Die Aufforderung von 1. Petr 4,10 „Dient einander, ein jeder mit der Gabe, die er empfangen hat“ zielt nicht zuerst auf das menschliche Zusammenleben in unserer Gesellschaft und in unseren Kommunen, sondern sie hat zunächst einmal die *christliche Gemeinde* im Blick. Das wird deutlich, wenn man etwas weiterliest. Ich zitiere 1. Petr 4, 10–11 nach der Neuen Genfer Übersetzung: „Jeder soll den anderen mit der Gabe dienen, die er von Gott bekommen hat. Wenn ihr das tut, erweist ihr euch als gute Verwalter der Gnade, die Gott uns in so vielfältiger Weise schenkt. Redet jemand im Auftrag Gottes, dann soll er sich bewusst sein, dass es Gottes Worte sind, die er weitergibt. Übt jemand einen praktischen Dienst aus, soll er die Kraft in Anspruch nehmen, die Gott ihm dafür gibt. Jede einzelne Gabe soll mit der Hilfe von Jesus Christus so eingesetzt werden, dass Gott geehrt wird. Ihm gehören Ruhm und die Macht für immer und ewig. Amen.“

In einer Gemeinde – das macht auch der Apostel Paulus in Röm 12,3–8 und in 1. Kor 12,4–31 deutlich – gibt es also verschiedene Dienste und unterschiedlich begabte Menschen, die sie ausüben. Wie verträgt sich damit die in vielen Kirchen verbreitete Konzentration der Gemeindearbeit auf das Pfarramt?

Rotorange und Weinrot prägen die Grafik gemeinsam. Rot ist also die Grundfarbe des Bildes. Es ist die Symbolfarbe für die *Liebe*, auf die Paulus jene Christen in Korinth im 1. Korintherbrief besonders hinweist (1. Kor 13 nach 12,29–31), die Geistesgaben wie das für den Aufbau der Gemeinde ganz unwichtige Zungenreden (= geistgewirktes Reden in fremden Sprachen) anstrebten (1. Kor 14). Mit der auch von anderen wahrnehmbaren Zungenrede demonstrierten sie in einer Art Glaubensegoismus ihren „Besitz“ des Heiligen Geistes. Die Liebe zu Gott und zum Nächsten denkt zunächst einmal nicht an sich selbst, sondern sie *dient* Gott und dem Nächsten.

Halleluja, lobe Gott
alles, was da lebet.
Halleluja, lobet Gott,
Dank und Ehr ihm gebet.

Lobt ihn, er ist mitten unter uns.
Lobt ihn, unsern Gott, in der Gemeinde.
Lobt ihn, dass er uns gerufen hat.
Lobet Gott mit Herzen, Mund und Händen.

Lobt ihn mit dem Wort und eurem Tun.
Lobt ihn, denn er schenkt euch seine Gaben.
Lobt ihn, wenn ihr andern helfen könnt.
Lobt ihn, wenn euch andre steh'n zur Seite.

O Herr, segne und behüte uns!
Lass dein Angesicht über uns leuchten!
Sei uns gnädig, schau auf unsern Weg!
Bleibe bei uns, schenk uns deinen Frieden.

Halleluja, lobe Gott
alles, was da lebet.
Halleluja, lobet Gott,
Dank und Ehr ihm gebet.[57]

[57] Biblische Grundlage: Ps 150; 1. Petr 4,10; 4. Mose 6,24–26.

Gott wird *Mensch* (1. Joh 4,2.9–10)

Mittelpunkt der Grafik ist der „in's Fleisch gekommene Jesus Christus" (1. Joh 4,2). Er liegt auf einem Bündel Stroh (Lk 2,7). Von einem dunkelgoldenen Hintergrund – Gold ist die Farbe Gottes – hebt sich die Gestalt des Gottessohnes und Christuskindes hell ab: Er kam als das „Licht" in die „Finsternis" dieser gottentfremdeten „Welt" (Joh 8,12). Der an die Geschichte von den „Weisen aus dem Morgenland" (Mt 2,1–12) erinnernde „Stern von Bethlehem" unterstreicht die *weltweite* Bedeutung dieses neugeborenen Kindes[58].

Gut zu erkennen ist, dass die Arme Christi einerseits und sein Kopf, sein Körper und seine Füße andererseits ein Kreuz bilden. Hans Georg Anniès macht mit diesem Zug der Grafik deutlich, dass der Weg des in Bethlehem geborenen „Heilands" (Lk 2,11) von der Krippe zum Kreuz führt: „Darin ist erschienen die Liebe Gottes unter uns, dass Gott seinen eingeborenen Sohn gesandt hat in die Welt, damit wir durch ihn leben sollen. Darin besteht die Liebe: nicht, dass wir Gott geliebt haben, sondern dass er uns geliebt hat und gesandt seinen Sohn zur Versöhnung für unsre Sünden" (1. Joh 4,9–10).

[58] S. Seite 44–45.

Der Blick des Christuskindes ist ganz uns, den Betrachtern dieser Grafik, zugewandt. Mit weit ausgebreiteten Armen – sie weisen, wie gesagt, schon auf seinen Kreuzestod für uns hin – umfängt Christus uns mit seiner Liebe. Mit großen, um sein zukünftiges Geschick wissenden Augen schaut das Christuskind uns ernst und fragend an: Das, was hier in Bethlehem beginnt und am Kreuzeshügel auf Golgatha vollendet wird (vgl. Joh 19,30), ist für alle Welt geschehen – auch für uns. Werden wir *diesen* Weg Gottes zum Heil der Welt mitgehen und annehmen – wie die Weisen aus dem Morgenland? Oder nehmen wir Anstoß an der Unscheinbarkeit des in einem Stall geborenen, später gekreuzigten Weltenheilands, der Zeit seines Erdenlebens wohl in der Vollmacht Gottes auftrat (Mt 7,29; 9,6; 10,1), aber eben als ein *Mensch*, dem man seine vollkommene Zugehörigkeit zu Gott nicht ansehen konnte (vgl. Mt 27,41–43).

Viele Menschen heute haben Mühe, das Erscheinen *Gottes* als Mensch unter uns Menschen zu akzeptieren. Sie sehen Jesus nur als einen besonderen Menschen an, nicht jedoch als den „Sohn Gottes" (Mt 14,33; Mk 1,1; Lk 4,41; Joh 11,4), in dem Gott selber zu uns Menschen kam (2. Kor 5,19a). Doch das Neue Testament ist eindeutig von dem Bekenntnis geprägt, das später in die paradoxen Worte gefasst wurde: „Jesus ist wahrer Mensch und wahrer Gott zugleich". Hier wird *keine* erklärende Verhältnisbestimmung von Jesu gleichzeitigem Gott- und Menschsein unternommen. Auch das Neue Testament lässt dieses „Geheimnis des Glaubens" einfach stehen:

„Alles ist mir übergeben von meinem Vater; und niemand kennt den Sohn als nur der Vater; und niemand kennt den Vater als nur der Sohn und wem es der Sohn offenbaren will" (Mt 11,27). – „Denn *Gott war in Christus* und versöhnte die Welt mit sich selber und rechnete ihnen (den Menschen) ihre Sünden nicht zu und hat unter uns aufgerichtet das Wort von der Versöhnung" (2. Kor 5,19). – „Denn es ist *ein* Gott und *ein* Mittler zwischen Gott und den Menschen, nämlich der Mensch Christus Jesus" (1. Tim 2,5).

Die Grafik von Hans Georg Anniès verkündigt diesen Mittler und Heiland der Welt, in dem Gott als Mensch zu uns Menschen kam. Darum schaut die Christusgestalt der Grafik uns nicht mit den Augen eines Säuglings an, sondern mit den Augen des Weltenheilands, dessen Wort und Wirken uns Menschen Gottes Liebe schenken will – auch uns, die wir über dieses Bild nachsinnen.

Lobt Gott, ihr Christen alle gleich, / in seinem höchsten Thron,
der heut schließt auf sein Himmelreich / und schenkt uns seinen Sohn.

Er kommt aus seines Vaters Schoß / und wird ein Kindlein klein,
er liegt dort elend, nackt und bloß / in einem Krippelein.

Er äußert sich all seiner G'walt, / wird niedrig und gering
und nimmt an eines Knechts Gestalt, / der Schöpfer aller Ding.

Er wechselt mit uns wunderlich: / Fleisch und Blut nimmt er an
und gibt uns in seins Vaters Reich / die klare Gottheit dran.

Er wird ein Knecht und ich ein Herr; / das mag ein Wechsel sein!
Wie könnt es doch sein freundlicher, / das herze Jesulein!

Heut schließt er wieder auf die Tür / zum schönen Paradeis;
der Cherub steht nicht mehr dafür. / Gott sei Lob, Ehr und Preis![59]

[59] EG 27: „Lobt Gott, ihr Christen alle gleich“ von Nikolaus Herman (1560).

„Gott hat geredet durch die Propheten“ (Hebr 1,1)

Hans Georg Anniès hat eine eindrückliche Grafik zum Thema „Gott hat geredet durch die Propheten“ (Hebr 1,1) geschaffen, die uns anregen kann, ein wenig über diese Botschafter Gottes und die Reaktion auf ihre Worte nachzudenken.

Der Prophet ist der Empfänger des Gotteswortes. Die ans Ohr gelegte linke Hand unterstreicht seine Hörbereitschaft Gott gegenüber. Der Mund des Propheten ist geöffnet: Er gibt an sein Volk weiter, was er von Gott vernommen hat. Seine rechte Hand weist die Hörer des Prophetenwortes auf Gott hin, dessen Sprecher der Prophet ist: „O Land, Land, Land, höre des HERRN Wort!“ (Jer 22,29). Das Gesicht des Propheten ist von seinem Botschafterdienst gezeichnet: Die Propheten mussten viel Ablehnung und Leiden vonseiten der Menschen ertragen, denen sie in Gottes Auftrag *Gottes Wort* ausrichteten (vgl. z.B. Mt 23,37).

Das eindrücklichste Beispiel für einen leidenden Propheten ist der Prophet Jeremia: „Weissage nicht im Namen des HERRN, wenn du nicht von unsern Händen sterben willst!“ (Jer 11,21; s. auch 26,11; 36,19.26; 38.9). Jeremias Leiden (Jer 15,10; 20,10) lässt ihn gegen sein Prophetenamt aufbegehren. Er beklagt sich bei Gott über die unerträgliche Last dieses Amtes und möchte es ihm zurückgeben (Jer 20,7–18). Doch Gott stärkt den Propheten *durch sein Wort*, um dessen Willen Jeremia zu leiden hat, entbindet ihn seines Amtes aber nicht (Jer 15,16 in V. 10–21).

Bei der Darstellung des Propheten durch Hans Georg Anniès fällt die rötliche Kolorierung der Grafik auf. Rot ist die Farbe der Liebe. Auch die zur Umkehr rufenden Worte der Propheten sind getragen von der Liebe Gottes zu seinem Volk (5. Mose 7,7–8): Das von Gott entfremdete Israel soll in die Gemeinschaft seines himmlischen Vaters zurückgerufen werden (z.B. Hos 11,1–5a). Israels mangelnde Bereitschaft, sich Gott neu zuzuwenden, bricht Gott selber das Herz (Hos 11,8–9; 11,5b-7).

Im Neuen Testament wird vielfach zum Ausdruck gebracht, dass viele Menschen im Volk – darunter auch Jünger – *Jesus* für einen *Propheten* hielten (z.B. Mt 16,14; 21,11.46; Lk 7,16; 24,19). In der Tat sprach er im Auftrage Gottes wie ein Prophet zu den Menschen (vgl. Lk 7,24). So wird bei dieser Grafik auch an Jesus selber zu denken sein, den seine Widersacher mit dem Kreuzestod mundtot machen wollten. Auf Jesus bezogen ist das Rot der Grafik als seine sich in den Tod gebende Liebe zu Gott und uns Menschen zu deuten (Joh 15,13; Mt 26,26–28).

In Hebr 1,1 heißt es: „Nachdem Gott vorzeiten vielfach und auf vielerlei Weise geredet hat zu den Vätern[60] durch die Propheten, hat er *in diesen letzten Tagen* zu uns geredet durch den Sohn.“ Gemeint ist damit, dass das Wort des Gottes-

---

[60] Das sind die vergangenen Generationen des Gottesvolkes (vgl. Apg 7,51–52).

sohnes Jesus Christus die *abschließende Offenbarung* Gottes des himmlischen Vaters an uns, seine Menschenkinder ist (s. z.B. Joh 5,24). Darum ist es so wichtig, auf das Wort Christi „heute“ (Hebr 3,7–8) zu „hören“, also dann, wenn es uns begegnet und trifft (Hebr 3). Auch die Verkündigung der menschlichen Zeugen Jesu Christi – seiner Jünger, seiner Prediger/innen durch die Zeiten – gilt es ernst zu nehmen. So sagt Christus in Lk 10,16: „Wer euch hört, der hört mich; und wer euch verachtet, der verachtet mich; wer mich aber verachtet, der verachtet den, der mich gesandt hat“, also Gott selber. Mit diesen mahnenden Worten will Christus uns davor bewahren, unsere Ohren vor denen zu verschließen, die *in seinem Auftrag* reden (vgl. auch Mk 6,4–6).

Der Apostel Paulus dankt *Gott* dafür, dass er die Gemeinde von Thessalonich offen gemacht hat für die missionarische Verkündigung des Paulus: „Und darum danken wir auch Gott ohne Unterlass dafür, dass ihr das Wort der göttlichen Predigt, das ihr von uns empfangen habt, *nicht als Menschenwort* aufgenommen habt, sondern als das, was es in Wahrheit ist, als *Gottes Wort, das in euch wirkt, die ihr glaubt*“ (1. Thess 2,13).

Mach uns, Herr, bereit,
auf dich zu hören.
Schenk uns deinen Geist,
dass wir dich ehren.
Mach uns, Herr, bereit,
auf dich zu bauen.
Schenk uns deinen Geist,
dir zu vertrauen.